운명은 모르겠고 성공은 하고 싶어

운명은 모르겠고
성공은 하고 싶어

초판 1쇄 인쇄 | 2019년 06월 15일
초판 1쇄 발행 | 2019년 06월 20일
엮은이 | 다호휘
펴낸곳 | 태을출판사
펴낸이 | 최원준
등록번호 | 제1973.1.10(제4-10호)
주소 | 서울시 중구 동화동 제 52-107호(동아빌딩 내)
전화 | 02-2237-5577 **팩스** | 02-2233-6166
ISBN 978-89-493-0563-9   13170

현대 성공학 시리즈 2

운명은 모르겠고
성공은 하고 싶어

다호휘 엮음

태을출판사

머리말

4년 전에 「심리트릭」을 쓴 이래 「언어와 심리 작전」, 「어린이의 머리를 좋게 하는 책」 등 몇 권의 책을 세상에 내놓았는데 그때마다 독자들로부터 나 자신이 놀랄 정도의 반응을 얻었다. 여러 편지 중에서도 가장 강한 인상을 받은 것은 "선생님의 책을 읽은 후에 다른 사람 앞에서 말할 자신감을 갖게 되었습니다."라거나 "열등감이 거짓말처럼 사라지고 시험에 합격했습니다."라는 감사 편지이다.

나는 앞에서 예로 든 책 속에서 인간관계를 스무스 하게 하기 위한 약간의 언어의 연구, 공부의 능률을 편하게 올릴 수 있는 환경 만들기 등을 소개했는데, 독자 여러분은 그들 방법이 가지고 있는 구체적인 효과 이상으로 자신의 삶의 방식이나 사고방식을 다시 보는 것으로서 받아들이는 것 같다. 그것이 결과가 되어 열등감을 없애고, 시험에 성공하는 원동력이 되었던 것이다. 이것은 말하자면 자기 자신이 마음을 움직이는 ‘자기 암시’의 효과이다.

아마도 독자 여러분은 그 효과가 암시라는 것을 모르고 받아들이고 있는 것 같은데, 나는 새삼 그 심리적인 메커니즘의 위력에 놀랐다. 동시에 그렇다면 하나의 ‘자기 암시술’에 초점을 맞추는 것 보다는 직접적으로 독자 여러분의 요망에 대응해 가면 어떨까 하는 생각을 했다. 내가 이 책을 쓰려고 한 것은 그것이 직접적인 계기이다.

이미 알겠지만, 암시에는 자신이 자기 스스로 마음을 움직이는 자기 암시(自己暗示)와 남의 말이나 태도에 영향을 받는 타인 암시(他人暗示)가 있다.

예를 들면 한 번 옻나무에 고생을 한 사람은 옻 잎에 스치기만 해도 피부에 이상(異常)을 일으키는 것은 자기 암시의 예이다. 무턱대고 약을 좋아하는 사람에게 밀가루를 주면서 잘 듣는 진정제라고 하면 즉시 두통이 가라앉았다는 것은 타자 암시의 예이다.

이와 같이 자기 암시든 타자 암시이든 어느 것이나 그 사용 방법에 따라서 플러스도 되고 마이너스도 되는 작용을 하는 양쪽 날이 있는 칼의 마력을 감추고 있는데, 그중에서도 주의해야 할 것은 마이너스 면으로 작용하는 자기 암시이다. 특히 “사람은 슬퍼서 우는 것이 아니라 울기 때문에 슬퍼지는 것이다.”라는 유명한 말이 있듯이 세상의 불안이나 열등감으로 고생하는 사람들에게 자신은 쓸모없는 존재라고 생각하여 자신에게 마이너스의 자기 암시를 걸어 더욱 더 쓸모없게 되어 버리는 악순환에 빠지는 경우가 적지 않은 것이다.

이 악순환에서 벗어나기 위해 가장 효과적인 방법은 자기 암시를 플러스 면으로 작용시키는 것이다. 앞에서 이야기 한 감사의 편지도 실은 나의 책이 계기가 되어 독자의 마음속에서 무의식중에 마이너스의 자기 암시의 악순환을 플러스의 자기 암시로 바꿀 수 있었기 때문임에 불과하다.

세상에는 자신감 회복을 위해서라고 하면서 여러 인생론이나 종교 책이 범람하고 있는데, 이 책에서 소개하는 자기 암시술은 그런 정신론이나 근성론(根性論)과는 전혀 다르다. 자기 암시란 누구나가 갖고 있는 심리적인 메커니즘을 철저하게 이용하는 과학적인 기술이기 때문이다. 이렇게 말하면 그 어떤 성가신 순서나 규칙이 필요한 방법이라고 생각하는 사람도 있을지 모르지만 전문가의 지도에서 행해지고 있는 '자기 수면' 따위와는 전혀 다른 누구나가 쉽게 할 수 있는 것이 이 자기 암시술의 특징이기도 한 것이다.

이 책에서는 이런 자기 암시술의 특징을 보다 살려 언제 어디서나 모든 경우에 활용할 수 있도록 일상생활 속의 몇 가지 중요한 포인트에 초점을 맞추어 보았다. 이 책에 의해 잠자고 있던 당신의 능력이 눈을 떠 일, 연구, 인간관계에 자신을 갖고 대처해 나갈 것을 바란다.

차례

part 01 언어에 의한 자기 암시술
이 한 마디로 의욕이 생긴다

part 02　환경에 의한 자기 암시술

분위기에 따라 마음이 변한다

part 03 동작에 의한 자기 암시술
발걸음이 가벼우면 마음도 상쾌

part 05 태도에 의한 자기 암시술

마음가짐이 활력을 기른다

part 06 태도에 의한 자기 암시술
열등감은 이렇게 해서 떨쳐버린다

part 07 의식의 전환에 의한 자기 암시술
사고방식에 따라 당신이 살아날 수 있다

자신감이 생겨난다

'약간'의 기분으로 인생은 바뀐다

직업병, 내게는 일이나 공부로 고민하는 사람들이 자주 상담하러 오는데, 어떤 일에나 자신을 가질 수 없어 불안에 빠져 있는 사람이 너무나도 많은 것에 새삼스럽게 놀란다.

이야기를 들어 보면 다른 사람의 눈에는 실로 훌륭한 능력을 갖고 혜택 받은 조건으로 일을 하고 있는 듯이 보이는데, 자신의 능력을 믿을 수 없기 때문인지 가지고 있는 능력의 몇 분의 1도 발휘하지 못하는 사람이 대부분이다. 그런가 하면 '합격'하지 못하면 어떻게 할까 하는 불안으로 공부에 전념하지 못하고 매일을 그럭저럭 보내고 있는 수험생도 있다.

이런 사람들에 대해 공통적으로 말할 수 있는 것은 소심하여 자신에 대해 너무나도 충실하게 살려는 마음을 강하게 품고 있다는 것이다. 그 때문에 무슨 일에 대해서든 완전무결한 성공을 꿈꾸고, 그것이 생각대로 되지 않으며 방황하고 고민하며, 때로는 격렬한 열등감이나 무력감(無力感)에 사로 잡혀 결국에는 아무 일에도 손을 대지 못하고 그저 끙끙 생각만 하고 있는 것이다. 사는 충실감도 있고, 그것으로 고민하면서 매일을 지내고 있는 것이다. 젊은 사람도 있고 나이든 사람도 있다. 남자도 있는가 하면 여자도 있다. 어쩌면 지금의 당신이 그럴지도 모른다. 또는 당신의 부하나 자식이 이런 열등감으로 괴로워할지도 모른다.

나는 이런 사람들의 얼굴을 볼 때마다 이렇게 생각한다. 어째서 인생을 좀 더 편한 마음으로 살아가지 못할까. 어깨의 힘을 빼고 긴장된 마음을 풀며, 릴렉스한 기분으로 일이나 공부에 임할 수는 없을까. 그렇게 하면 고민과 열등감도 곧 사라져 버릴 텐데…….

그것도 아주 작은 일로 가능해지는 것이다. 어려울 것 없다. 단순히 마음가짐을 조금 바꾸고 견해를 달리하면 곧 다시 태어난 듯한 자신감을 가질 수 있고, 일이나 공부에도 전념할 수 있게 되는 것이다. 단순히 조금만 마음을 바꿀 수 있으면…….

그러나 안타깝게도 많은 사람들은 그것을 못하는 것 같다. 아니, 정확히 말하면 불가능하다고 생각하고 있는 것이다. 생각해 보면 마음을 어떻게 바꿀 것인가 하는 '사고의 기술'을 모르기 때문인 것 같다. 내가 이제부터 말하려고 하는 '자기 암시술(自己暗示術)'은 바로 그것을 돕는 것이다.

당신도 아마 이때까지 많든 적든 이제부터 이야기하는 자기 암시 술을 실행해 왔을 것임에 틀림없다. 문제는 그것을 분명히 의식하고 의도적으로 활용하느냐 어떠냐 하는 것이다.

밀가루라도 효과가 있다고 생각하면 약이 된다

자기 암시 뿐만 아니라 암시라는 현상은 우리의 사회생활과 실로 밀접한 관계를 갖고 있다. 예를 들면 당신이 구경꾼이 되어 화재의 현장에 갔다고 하자. 이때, 당신은 그 어떤 공통된 관심이나 흥미를 갖고 모인 조직이 아닌 집단, 즉 군집(群集) 속에 있게 된다. 그러면 당신은 그 군집의 영향을 받아 평소에 당신 혼자일 때는 상상할 수도 없었던 엉뚱한 행동을 일으킬지도 모른다. 정신을 차려 보면 자신도 모르게 큰 소리를 지르고 있기도 하고, 다른 사람과 함께 달리고 있었다는 등의 경험은 누구에게나 있을 것이다. 이것은 분명히 암시 작용의 결과이다. 또는 TV의 CM을 보고 나서 백화점에 가 정신이 들고 보면 그 상품을 산 경험이 있을 것이다. 매일 반복해서 보고 있는 CM의 효과가 나타난 것인데, 이것도 어떤 종류의 암시 효과라고 할 수 있을 것이다. 광고나 선전은 끊임없이 당신의 무의식 속에 작용하여 이 암시 효과에 의해 실제의 행동을 일으키도록 하고 있다고 할 수 있다.

암시의 효과는 이것만이 아니다. 벌써 몇 년 전의 일이지만, 나는 TV 프로그램에서 암시 효과의 하나를 공개 실험한 적이 있다.

20명 정도의 성인을 앞에 두고 튜브 한 개를 집어 들어 "이 튜브 안에는 달고 시큼한 냄새가 나는 가스가 들어 있습니다. 앞으로 튜브의 마개를 뺄 것이니 냄새가 나면 곧 손을 들어 주십시오."라고 하면서 튜브의 마개를 열었다. 그러자 곧 모두들 손을 들었다. 모두들 분명히 냄새를 맡았다는 것이다. 그러나 이미 짐작 했겠지만, 그 튜브 속에는 무색무취(無色無臭)의 공기가 들어 있었을 뿐이다.

이것은 마치 밀가루를 약이라 하고 먹게 하면 그것으로 두통이나 복통이 낫는 것과도 같은 효과이다. 또 사람에 따라서는 "당신, 안색이 창백하군요."라는 말을 하면 실제로 안색이 창백해지는 사람조차 있다.

의사의 한 마디 말로 정말로 병이 되는 사람도 이런 원리이다.

이들은 모두 각성암시(覺醒暗示)라고 불리는 것으로 분명히 깨어 있을 때 의식이 명료한 조건하에서의 암시효과인 것이다.

이런 암시의 강력한 효용은 자신이 자신에게 거는 자기 암시일 때에도 마찬가지로 나타난다. 오히려 사람에 따라서는 자기 암시일 때, 암시 효과가 훨씬 큰 사람도 있을 정도이다. 또한 자기 암시에는 타자 암시에는 없는 큰 이점이 있다. 자신의 의사로 언제 어디에서나 자유로이 행할 수 있다는 것이다.

최면 요법이 심리요법 분야에서 그 효과를 충분히 인정받으면서도 문제시 되었던 것은 이런 타자 최면의 경우, 아무래도 재발하는 경우가 많고, 게다가 치료자에게 끊임없이 암시를 걸어야 한다는 결정적인 불리함이 있었기 때문이다.

그 점에서 자율 훈련법을 포함한 자기 암시의 방법은 시술자가 항상 자기 자신이므로 반복해서 자기 자신이 암시를 걸 수 있고, 또 언제 어디에서나 행할 수 있기 때문에 암시의 효력이 몇 배나 강하다는 이점(利點)을 갖고 있다.

구체적으로 말하자면 밀가루를 약이라고 해서 먹이려면 타자를 필요로 하지만, 이것은 효과가 있다는 암시를 깨고 먹을 때는 어느 누구의 손도 빌릴 필요가 없다. 게다가 이것만으로도 충분히 효과를 올릴 수 있는 것이다.

자신이나 불안은 '주관적'인 것이다

그럼 어째서 자기 암시가 자신감 회복에 그렇게 효과가 있는 것인가. 우리들의 마음은 이제까지 보아 왔듯이 스스로 끊임없이 타인으로부터도 여러 가지 암시를 받고 있다. 그 영향으로 어떤 경우에는 필요 이상으로 기뻐하기도 하고 또 어떤 경우에는 극단적이 되기도 한다.

즉, 암시에는 플러스 면으로 적용하는 것도 있고, 마이너스 면으로 작용하는 경우도 있다는 것이다. 그리고 마이너스의 암시를 강하게 받을 때, 우리들은 열등감에 빠지기도 하며, 불안이나 공포에 시달리기도 하는 것이다. '자신'이라는 말을 사전에서 찾아보면 '자기의 가치나 능력을 스스로 믿는 것'이라고 쓰여 있다. 우리들 인간은 누구나 자신의 과거 경험에서 '내게 이 정도는 할 수 있는 능력이 있지 않은가'라고 생각하게 되고 이것을 판단의 기준으로 삼아 앞으로도 이 정도의 일이라면 할 수 있을 것이라고 기대하게 된다. 이것이 '자신'이라고 불리는 것이다.

이 자신이나 불안에 대해 생각할 때, 우선 생각해 두어야 할 것이 두 가지 있다.

그 한 가지는 자신은 결코 고정적인 것이 아니라 같은 사람이라도 때와 장소에 따라 '자신이 있을 때'와 '자신이 없을 때'가 있다는 것이다. 두 번째로는 자신이나 불안은 어디까지나 당사자가 그것을 어떻게 느끼느냐 하는 '주관적인 체험'에 뒷받침 되고 있으며, 객관적인 것은 아니라는 점이다.

말하자면 자신이나 타인에게 마이너스의 암시를 걸면 이 주관은 매우 적극적이 되고 그것이 열등감이나 불안의 원인이 되어 버리는 것이다.

여기에 바로 자신을 회복하기 위한 테크닉으로써 자기 암시술이 성립하는 기반이 있다. 즉, 마이너스의 암시를 없애고 원래의 자신을 되찾기 위해서는 플러스의 암시를 자신이 스스로에게 거는 것이 가장 유효한 수단이 된다.

마이너스 '성격'은 변할 수 있다

그런데 자신 결여와 불안의 마이너스 상태를 만들어 내는 원인은 어디에 있는가.

우선 첫째로 생각할 수 있는 원인은 '성격'이다. 예를 들면 자신이 없는 대표적인 타입의 사람인 신경질적이라고 불리는 '신경질적인' 인간은 기가 약하고 사소한 일에 속을 끙끙 끓이고 자신도 모르게 장래를 비판적으로 생각해 버린다. 무엇보다도 곤란한 것은 이 타입의 사람은 완전벽을 갖고 있다.

남이 보면 실로 잘 했다고 여겨지는 것을 본인은 불완전하다고 생각하고, 이것을 이렇게 했더라면 좋았을 것을, 아니면 저렇게 했더라면 좋았을 것이라고 언제까지나 후회하고 있다. 이 타입의 사람은 항상 마이너스의 자기 암시를 걸어 열등감에 사로 잡혀 있다. 게다가 의지가 박약한 경향이 있다. 이를 테면 '자신 없는 사람'의 특징을 갖고 있다.

이에 비해 그 반대쪽에 있는 것이 편집증(偏執症) 타입이다. 이 타입은 기가 세고 절대로 죽는 소리는 하지 않는다. 강한 의지가 있으며, 이기적인 사람이 많다. 이것은 '자아비대(自我肥大)'라고 불리고 있듯이 자아가 강하여 언제나 "내가 말이야", "나는 말이지"라고 자신을 드러내는 경향이 있다. 또한 의무도 강하여 타인에게 일을 맡기지 못한다. 머리가 단단하여 자기 멋대로의 해석을 하고, 일단 생각하면 좀처럼 남의 이야기에는 귀를 기울이지 않는다. 말하자면 이 타입의 사람은 자신이 지나치게 강하여 일을 그르칠 수 있다.

이런 식으로 인간의 성격에 따라 자기 암시의 방향이 양극으로 나뉘고 자신의 유무(有無)가 결정되는 일면이 있다는 것은 사실이지만, 이것을 유전적(遺傳的)이라든가 평생 바꿀 수 없다는 숙명론(宿命論)적으로 생각하는 것은 잘못이다. 이들 성격은 분명히 후천적인 원인이고, 여기에 플러스의 자기 암시를 걸어 궤도 수정을 하는 것이 결코 불가능하지는 않다. 다만 성격에 깊은 뿌리를 두고 있는 자신 없음은 상당히 고치기 어려운 일면이 있으므로 다소 끈기 있게 수정하는 것을 생각하면 되는 것이다.

과보호가 만드는 마이너스 상태

자신의 마음이 마이너스 상태에 빠지는 제2의 원인으로써 소위 자율심과 독립심, 즉 주체성이 결여되어 있다는 점을 들 수 있을 것이다.

현대는 과보호의 시대라고 자주 일컬어지는데 일반적으로 과보호에 걸리는 사람은 자신이 판단하고 자신이 의사를 결정하는 경험이 부족하다. 어머니나 주위의 어른들이 본인을 대신하여 의사 결정을 해주기 때문인데, 이런 사람이 혼자 서서 막상 스스로 의사 결정을 하고 모든 일에 대처해 나가려고 할 때, 마이너스의 자기 암시가 작용하여 왠지 자신이 없고 의지하고 싶어지는 것은 당연할 것이다.

또 과보호에서 자란 인간은 대체로 욕구 불만이 되기 쉽고, 또 그런 상태가 되기 전에 주변의 어른들이 돌봐주었기 때문이다. 이것이 실패에 대한 좌절감에서 자력(自力)으로 일어나려는 생활 기술 부족을 가져온다고 할 수 있을 것이다. 그 결과, 자신이 스스로를 자신 없는 인간으로 만드는 것이다.

이런 유소년 기에 있어서 부모의 양육태도가 자신 없음에 연결되는 큰 원인의 하나가 된다고 해도 당사자의 의지로서는 어쩔 수 없는 것이라고 할지 모른다. 그러나 이것은 결코 운명론적으로 생각해서는 안 된다. 자신이 그만큼 부모로부터 사랑을 받으라고 플러스로 자기 암시를 걸면 자력으로 불리는 상황에서 벗어날 수 있을 것이다. 그 구체적인 방법에 대해서는 본문에서 자세하게 이야기할 생각이다.

실패·성공도 마음가짐에 따라

이와 같은 원인 이외에 정신적인 마이너스 상태에 빠지기 쉬운 제3의 원인으로는 실패·성공의 체험이 있다.

예를 들면 당신이 현재 일이 순조롭게 되고 있고 경마를 해도 계속해서 이기고 있다고 하자.

이렇게 하여 하는 일마다 계속해서 성공을 거두고 있으면 당연히 플러스의 자기 암시가 작용하여 자연스럽게 자신도 생겨난다.

그러나 반대로 그 어떤 일을 해도 잘 되지 않으면 자신이 없어지고 불안에 빠진다는 것 또한 당연한 일이다.

그렇다고 해서 전혀 구제될 길이 없느냐 하면 결코 그렇지는 않다. 오히려 그야말로 '자신을 갖기' 위한 자기 암시술의 유효성이 있는 것이다. 성공·실패의 체험이라는 것은 자신의 유무(有無)와 마찬가지로 매우 주관적인 것이다. 누가 보아도 이 이상의 것은 없다고 생각될 정도의 결과가 나와도 본인 자신은 실패라고 느낄지 모른다. 반대로 타인이 보면 완전한 실패라고 생각되어도 본 자신은 조금도 실패라고 생각지 않고 오히려 성공했다고 느끼고 있는 경우가 있을지도 모른다. 성공이나 실패라 해도 그것은 그 사람 자신의 주관적인 시험, 말하자면 개개인의 감정에 지나지 않는다.

이것은 다른 말로 바꾸어 표현하면 '요구 수준의 차'라는 것이 된다. 요구 수준이 높은 사람, 예를 들면 100점을 노리고 있는 사람에게 있어서 75점은 실패라고 여겨질 것이지만, 처음부터 50점을 겨냥하고 있는, 요구 수준이 낮은 사람에게 있어서는 75점이면 대성공이 된다.

이런 이유에서 성공·실패 체험은 당신의 마음가짐이나 요구 수준의 높이에 따라 그 심리적 효과가 달라지는 것이다. 여기에 마이너스도 플러스로 변화시키는 것이 자기 암시술의 극의(極意)라고 할 수 있다.

이 밖에 마이너스 상태를 만드는 네 번째 원인으로써 열등감이 있다. 열등감, 즉 타인 보다 떨어져 있다고 느끼는 감정은 여러 가지 원인으로 일어난다.

신체나 용모의 열등에서도 일어날 수 있을 것이고 능력이나 성격의 열등에서도 일어날 수 있다. 한 번 이 열등감에 사로잡히면 모든 것이 소용없다고 생각한 결과 보통 때라면 간단히 할 수 있는 일조차 하려고 하지 않게 되어 버린다. 이렇게 하여 열등감이 새로운 열등감을 낳고 끝없는 악순환을 일으키는 것이다.

그러나 이것도 그 사람 자신의 '열등 감정'이며, 사실적으로 '열등'한가 아닌가는 별개의 문제이다. 그러므로 이 악순환에서 벗어나기 위해서는 플러스의 자기 암시가 효과를 발휘하는 것이다.

어떤 마이너스 상태라도 극복할 수 있다

이 악순환에서 벗어날 자기 암시술의 구체적인 방법을 생각하는데는 대략 3가지의 포인트가 있다.

이 방법 중 첫 번째는 무엇보다도 현상을 객관적으로 파악하는 것이다. 적과 싸우려면 우선 적을 알아야 한다. 그에 따라 처방전도 달라진다. 예를 들면 자기는 아무래도 자신을 가질 수 없는데 그것이 만일 성격적인 나약함에서 오는 것이라면 그 나름대로의 대처방법이 있고 또 그것이 실패의 연속에서 오는 것이라면 그 나름대로의 다른 대처방법이 필요하다.

요컨대 자신의 현상을 냉정하게 파악하는 것이다.

어디에 문제점이 있는가를 분명하게 하여 정리해 가면 아무리 복잡하게 엉켜 있는 듯이 보이는 요인의 실도 풀 수 있고, 또 무엇이 본질이고 무엇이 파생적인 것인지를 알게 된다. 그렇게 되면 극복으로의 제일보를 어디에서 어떻게 내디딜 것인지가 분명해질 것이다. 여기에서 본문의 여러 곳에서 나오는 자기 객관시(客觀視)를 테마로 한일군(一群)의 자기 암시 테크닉이 생긴다.

두 번째로는 이 마이너스 상태의 현실에서 결코 눈을 떼지 않는다는 것이다. 도망치는 자세로는 강적에게 이길 수가 없다. 괴로워도 정면에서 대결하여 밑바닥의 반발력으로 열등감이나 자신 없음을 극복해 가는 것이다. 요컨대 당신 스스로의 손으로 행하는 이외에 다른 해결 방법은 없는 것이다. 이것은 말하자면 자기 직시의 자기 암시술이라고 할 수 있을 것이다.

세 번째로는 자신의 사고방식에 전혀 새로운 각도에서 빛을 대보는 방법이다. 보기에 따라서는 '곰보도 보조개'로 보이는 인간심리의 불가사의를 이용하여 정신상태를 전환하는 것이다. 이것은 본문 안에도 상당히 중요한 부분을 차지하는 것으로, 말하자면 자기 전환의 자기 암시술이라고 할 수 있을 것이다.

물론 이들 원칙 이외에도 여러 가지 체험이나 이론에서 생기는 자기 암시의 기법이 있다. 그러나 이 3가지는 자기 암시의 3대 원칙이며, 직접적으로는 이것과 관계가 없는 구체적인 방법도 많든 적든 이 사고방식의 흐름을 타고 있는 것이다. 당신 자신이 새로운 테크닉을 생각하려 할 때도 이 원칙을 하나의 큰 틀로 생각하여 연구해 보면 좋을 것이다.

우선 '발을 내디딘다', '반복한다'라는 것이 자기 암시의 비결

이 책 안에서 말하고 있는 기술은 모두 내 자신이 또는 친구나 선배들이 당신과 같은 고통 속에서 이끌어낸 것들뿐이다. 아무튼 제일 보를 내디뎌 보기 바란다. 그리고 매일 매일의 생활 속에서 반복하여 실행하기 바란다.

'반복'이 필요한 것은 '암시' 일반이 공통적으로 갖는 중요한 심리적 요인이지만 자기 암시술이 '이루어지느냐 그렇지 않느냐'도 그야말로 이것에 달려 있다. 아무리 교묘한 암시법이라도 '반복'을 게을리하면 효과는 반감되고 반대로 아무리 사소한 기법이라도 반복에 의해 생각지도 못한 큰 효과를 발휘하는 것이다.

그러므로 나는 일상생활의 모든 장면에서 7가지의 포인트를 선택하여 장을 나누어 생각해 보았다.

우선 제1장에서는 언어가 우리들 자신에게 주는 암시 효과를 이용하여 언어를 조금 바꾸는 것만으로 의욕을 내는 자기 암시 방법을 이야기 하겠다. 제2장에서는 환경이 인간에게 주는 여러 가지 영향을 자기 자신이 조작하여 플러스로 가지고 가는 방법을 모았다. 제3장에서는 우리들이 일상에서 행하는 작은 동작이 우리들의 심리를 플러스 방향으로도 마이너스 방향으로도 움직이는 경우가 있으므로 그 동작을 의식적으로 바꾸는 점에 포인트를 두었다. 제4장에서는 우리들이 매일 아무렇지도 않게 하고 있는 사고방식의 순서를 조금 바꾸어 불안이나 열등감을 해소하는 자기 암시의 방법을 생각해 보았다. 또한 제5장에서는 사물에 대한 자신의 태도를 의식적으로 바꾸는 것으로써 활력을 낳는 자기 암시 방법을 여러 가지 경우를 들어 나타내고 있다.

그리고 제 6장에서는 패배감이나 열등감을 갖고 있는 상대에게도 자신을 어떻게 가지느냐에 따라서는 그 의식을 지울 수 있고, 자신이 생기는 자기 암시 방법을 여러 가지 경우에서 축출하고 있다.

마지막 제 7장에서는 자신의 사고방식을 다시 보고 그 방향을 조금 바꾸어 자신이 생기도록 하는 자기 암시 방법을 설명하고 있다.

이중에서 어느 것이나 실천해 가면 반드시 지금까지 알지 못하고 있던 자신의 능력이나 장점을 발견할 수 있을 것이다. 그렇게 되면 자신이 넘치고 일이나 공부가 쉬워지며, 여유를 갖고 살아갈 수 있게 될 것이다. 그것이 바로 당신의 참된 모습이다.

언어에 의한 자기 암시술

part **1**

─────────

이 한 마디로
의욕이 생긴다

괴로움과 고통은 위대한 자각과 깊은 심정의 소유자에
게 있어서는 항상 필연적인 것이다.

– 러시아 작가 도스토예프스키

1 ——
'어차피', '역시'는
의욕을 빼앗는
2대 터부어이다

일이나 공부를 잘 하지 못할 때, 대부분의 사람은 "어차피 안 될 것이라고 생각했는데 역시 잘 안 되는군", "어차피 내게는 재능이 없으니까.", "역시 그에게는 이길 수 없어."라고 연거푸 '어차피', '역시'라는 말을 해댄다.

이들 언어는 말하자면 '포기'의 심경을 정당화하려는 대표적인 예인데, 이런 언어를 입에 담기 때문에 잘 해내던 일도 하지 못하게 되는 것이라고 나는 생각한다.

'어차피', '역시'를 필두로 해서 '도리 없다', '부득이 하다'라는 언어는 말하자면 노력이나 노력 방기어(努力防棄語), 사고 정지어(思考停止語)라고 할 수 있는 것으로, 이 언어를 입에 댄 단계에서 자신의 마이너스가 정당화되어 버리며 자신을 그 껍질에서 한 발도 벗어나지 못하게 한다.

　이 장에서는 평소에 아무 생각 없이 사용하고 있는 언어가 얼마나 큰 자기 암시력을 갖고 플러스와 마이너스도 작용하는가를 이야기하고 싶은데, 만일 당신이 쓸데없는 열등감에 사로 잡혀 있다면 '어차피', '역시'를 의욕을 없애는 2대 터부어라 생각하여 우선 당신의 대화나 문장에서 없애기를 전하는 바이다. 비록 머리에 떠오르더라도 실제로 사용하는 것을 피하는 것만으로도 자신이 생길 것이다.

2 ─────
자기의 마음에 자신을
심기 위해서는 단정적인 표현을
사용하는 것이 효과적이다

근처 과일 가게 주인으로부터 재미있는 장사의 이야기를 들은 적이 있다. 음식 중에서도 과일은 특히 겉에서 보기에 맛있게 생긴 것과 맛없게 생긴 것을 판단하기 어려운 면이 있다. 손님으로부터 "이 수박 달아요?", "이 귤 시지 않을까요?"라는 질문을 자주 받는다고 한다.

그때 "아마 달 겁니다."라거나 "시지 않을 겁니다."라는 애매한 대답을 하면 10며 중 7명은 사지 않는다고 한다.

그러나 같은 물건이라도 "이것이 달지 않으면 어디에 단 수박이 있겠습니까?", "우리 집에서는 신 귤은 팔지 않습니다."라는 단정형을 사용하면 재미있게도 주인 자신이 수박과 귤이 맛이 있을 것이라고 믿게 된다고 한다. 이렇게 되면 손님에 대한 설득에도 한층 열이 나고 장사도 번성하게 된다는 것인데, 자기 자신의 마음에 자신을 심는 데는 우선 단정적(斷定的)인 표현을 사용하여 자기 자신을 설득하는 것이 선결이다. "잘 될까?"라고 의문형으로 말하는 것이 아니라 "반드시 잘 될 것이다."라고 결정하는 것이 결과를 좋게 하는 첫 걸음인 것이다.

뜻을 세울 때는 크고 높게. 천하제일의 사람이 되겠노라고 평생 뜻해야 한다.
– 학자 具原益軒

3 ——
같은 사실이라도
긍정적인 '표현'을 하면
열등감을 해소할 수 있다

여성에게 있어서 거울에 자신의 모습을 비추어 보는 일은 행복한 순간 중의 하나라고 일컬어지지만 동시에 심한 열등감으로 괴로워하는 때이기도 한다고 한다. 검은 피부라도 자신의 용모에 자신이 있는 여성은 "나의 엷은 갈색 피부는 멋지게 검은 머리와 어울려 있다"라고 자신의 모습에 만족해하지만, 좀 자신이 없는 여성은 "나는 왜 피부색이 이럴까"라고 심각하게 고민하게 된다. 이런 것에서부터 거울을 볼 때마다 자신을 알고 마침내는 거울을 외면하게 되는데, 생각해보면 그 가치에 대한 기준이라는 것은 매우 극단적이고 애매한 경우가 많다. 열등감은 특히 언어에 의해 양성되는 경우가 자주 있는 만큼 부정적인 이미지를 갖는 말을 입에 담는 것은 해(害)가 되는 일은 있어도 결코 이익이 되지는 않는다.

「사물의 본성에 대해」를 저술한 로마의 시인 루크레티우스는 "색이 검은 것에 고민하고 있는 여성은 넛츠와 같은 갈색의 피부라고 찬미한다."라고 전하고 있는데, 거울을 향해서 "넛츠와같이 예쁜 피부"라고 계속해서 말하면 색이 검다는 것은 조금도 신중에 거슬리지 않게 된다.

덧붙여서 루크레티우스는 '수다쟁이'는 '웅변의 귀재', '말괄량이'는 '대자연의 경이(驚異)'라고 바꾸어 말하도록 권하고 있다.

같은 사실을 말하는 데도 긍정적인 표현을 하느냐 부정적인 표현을 하느냐에 따라 그 후의 결과에 큰 차이가 생기는 것인데 언어라는 것은 어떤 천재도 답할 수 없는 마술사인 것이다. 아무리 불리한 상황이라도 플러스의 가치를 포함하는 표현을 사용하면 같은 사실도 반대로 보이므로 열등감 따위에 사로잡힐 걱정은 없는 것이다.

실패한 것을 생각하지 말라. 남은 것을 세어라.
　　　　　　　　　　　　　　　　 - 국제 신체장애자 올림픽 창시자 굿맨

4 ——
자신에게 있어서 마이너스인
언어는 생략하거나
대명사로 바꾼다

자기 암시에 의해 여러 가지 병을 고치는 '에이쯤'이라는 일종의 정신요법을 개발한 프랑스의 세밀 쿠미에 박사는 자기 암시법의 한 가지 비결로 마이너스어의 반복을 피하는 것을 들고 있다. 즉 "통증이 사라진다. 통증이 사라진다, 통증이 사라진다."라고 암시를 계속하는 것이다. "통증이 사라진다. 통증이 사라진다, 통증이 사라진다."라는 식으로 자신에게 옳은 느낌, 마이너스의 자극을 주는 언어는 최소한으로 줄이고 나머지는 생략하는 것이 암시 효과가 있다는 것이다.

이 방법은 정신 요법 뿐만이 아니라 평소 우리들의 일상생활 중에서도 충분히 활용할 수 있을 것이다. 자신이 시험에 떨어지지는 않을까 하는 불안을 말로 해서 반복하고 있는 동안에 정말로 떨어지는 경우가 종종 있다는 것을 보더라도 자신에게 마이너스로 작용하는 면에는 되도록 사용하지 않는다. 가령 불행하게 시험에 실패해도 '떨어진다.', '낙제생'이라는 말을 반복하고 있으면 정말 인생의 낙제생이 되어 버리는 것이다. 만일 말해야 할 필요가 있더라도 불행한 사건이라거나 나쁜 기억은 '그것'이라든가 '그 사건', '그 이래'라는 대명사 또는 그에 대응시킬 수 있는 말로 표현할 수 있을 것이다.

선인의 뒤를 쫓지 말라. 선인이 추구했던 것을 추구하라.

– 가인

5 ———

문제를 계속해서 추상화해 가면 싫은 일도 싫은 느낌이 들지 않게 된다

피할 수 없는 싫은 일을 앞에 두고 우울하여 편치 않거나 불안해지면 의미론학자 S. I 하야가와가 제출하고 있는 '추상의 다리'라는 '도구'를 사용하여 '고적의 구경'을 하는 것도 한 방법이다.

즉, 구체적인 개개의 것에는 반드시 그보다 1단이나 2단 높은 추상화된 개념이 있다. 집에서 기르고 있는 '나비'는 암고양이이고, 또 고양이이며 포유류이며 척추동물이다. 라는 식으로 어디까지나 추상의 다리가 계속된다. 이 '다리'를 당면해 있는 '싫은 일'에 대어 계속 해서 추상화해 가는 것이다.

예를 들면 A라는 싫은 상사가 있을 때, '나비'와 마찬가지로 A ⇨ 인간 남자 ⇨ 포유류 ⇨ 척추동물 ⇨ 동물 ⇨ 생물이라는 추상의 다리를 만들면 남는 것은 다리의 어느 단계이며, A를 척추동물이라고 보든 생물로 보든 A를 A로만 보는 것보다는 화가 덜 날 것임에 틀림없다. 싫은 일도 노동이란 무엇인가 ⇨ 먹이의 사슬이란 ⇨ 산다는 것이란, 이라고 생각하고 말이 서툴러서 겪는 고통이라도 커뮤니케이션이란 ⇨ 전달이란 ⇨ 정보란이라는 식으로 추상의 다리를 올라가는 것으로 불만의 대상이 되는 것의 구체성을 말소시킬 수 있는 것이다.

6 ──
싫은 일을 잊기 위해서는 연상 게임도 효과가 있다

싫은 것에서부터 계속해서 언어를 연결해 가면 고통이나 불안 등이 닿지 않게 된다는 이상한 심리 효과는 전항의 '추상화(抽象化)'외에 '자유 연상(自由連想)'에서도 인식할 수 있다.

'자유 연상'의 특징은 어떤 언어에서 완전히 자유로운 생각을 하여 언어를 이어가는 동안에 처음 말에서는 연상될 수 없을 듯한 말로 만들어가는 것이다. 예를 들면 연상술의 대가인 작가 E씨의 작품 중에 있는 '만두 ⇨ 여성 성기(性器) ⇨ 여자 ⇨ 우리 딸 ⇨ 팔지 못하고 있다 ⇨ 손님은 대단한 호청년 ⇨ 팔아치우자 ⇨ 딸의 결혼 ⇨ 손자의 탄생 ⇨ 한 집안을 이룸 ⇨ 사위로부터 용돈을 받는다 ⇨ 놀고도 편하게 지냄 ⇨ 극락왕생'이라는 연상에서는 한 개의 만두가 극락왕생으로까지 연결된다.

우리들의 연상이 항상 극락왕생에 이른다고도 할 수 없지만 연상의 심리적 효과는 그야말로 이런 무한한 쪽을 갖는 것이다. 즉, 연상에는 사람을 자아 중심부에서 떼어놓는 효과가 있는 것이다. 자아에는 핵심부(核心部)와 주변부(周邊部)기 있고, 핵심부에 닿으면 인간은 노어움, 분노 등의 강한 정서 반응을 일으킨다. 이것을 심리학에서는 자아관무(自我關無)라고 부르고 있는데, 연상은 인간의 관심을 자아의 핵심부에서 주변으로 이끌어 내고 자아 관무에서 해방시키는 역할을 하는 것이다.

예를 들면 실연, 일이나 수험 실패 등 잊고 싶은 경험이 있으면 자신이 가장 구애되고 있는 대상 그 자체에서부터 자유 연상을 해보면 좋다.

가능한 일을 알고 미치지 못하는 일은 생각지 말라

– 무장 楠正成

7

부정적인 이미지에 얽매이면
자신을 '명사'가 아닌 '동사'로
바꾸어 표현해 본다

직업병, 적면공포증(赤面恐怖症)이나 열등감으로 고민하는 상담을 받는 경우가 자주 있다. 이야기를 들어 보면 자신이 그렇게 생각하고 있는 이야기뿐으로, 그다지 고민하지 않아도 될 일을 고민하고 있는 경우가 있다. 본인으로서는 매우 심각한 문제인 만큼 어떻게 해서든지 그 생각에서 해방되어야 한다.

이럴 때, 내가 자주 사용하는 것이 자신을 '명사'가 아닌 '동사'로 바꾸어 표현해 보는 방법이다. 그들은 "나는 적면 공포증이다.", "나는 열등생이다."라는 식으로 자신을 '명사(名詞)'로 표현하여 자기의 부정적인 이미지를 만들고 있다. 말하자면 자기 멋대로 만들어 낸 전체적인 레테르 속에 자신을 집어넣고 있는 것이다. 그러므로 "나는 다른 사람 앞에 나서면 얼굴이 붉어진다.", "나는 학과 공부를 보통 사람만큼 하지 못한다."라는 식으로 새로이 표현하는 것이다. 그러면 같은 사람이라도 남성 앞에서 얼굴이 붉어지고, 공부 중에서도 수학만 떨어진다는 것을 알게 된다. 즉, 전체 부정적으로 사용한 명사를 부분 부정으로 동사(動詞)로 변화시켜 보면 "……인 것도 있다"라는 것이 명확해지고, 자신 멋대로 만들고 있던 부정적 이미지를 떨쳐버릴 수 있게 되는 것이다.

8

'단위'를 바꾸어 보면 부담은 무거워지기도 하고 가벼워지기도 한다

동일 된 하나의 사실을 언어로 표현하는 데는 사용하는 '단위'에 따라 무거워지기도 하고 가벼워지기도 하고, 커지기도 하고 작아지기도, 또한 길어지기도 하고 짧아지기도 한다. 그것은 우리들이 자주 경험하는 것이다.

예를 들면 반년 후에 치르게 되는 대입 시험도 앞으로 '6개월'이라고 '월'단위로 표현하면 상당히 길게 느껴져 느긋하게 공부에 임하게 된다. 같은 반년이라도 앞으로 '백팔십일'이라고 '일' 단위로 표현하면 바로 앞으로 다가온 느낌이 들어 단숨에 수험 분위기가 높아진다.

부동산업자의 광고에 '도심(都心)'까지 15분이라는 식으로 분(分) 단위의 표현이 자주 쓰이는 것도 가능한 가까운 이미지를 주려고 하기 위한 것이다.

신문이 '앞으로 3개월'이라고 쓰는 것 보다는 '앞으로 90일'이라고 쓰면 일찍부터 그 분위기가 생기는 것이다.

일반적으로 '킬로는 미터보다 길다', '시간은 분보다 길다'라는 이미지가 있는데, 같은 사실도 단위를 바꾸어 표현하는 것만으로 마음의 부담이 무거워지기도 하고 가벼워지기도 하는 것이다. 나는 이것을 '심리적 타산'이라고 부르고, 자신의 마음을 조절하는 수법으로 자주 사용하고 있다. 당신도 한번 시험해 보는 것이 어떨까.

성공에는 아무런 속임수도 없다. 내게 부여된 일에 전력을 다할 뿐이다.
– 미국의 실업가 카네기

9 ——

'지금이 최악이다'라고
생각하면
더 이상 나빠질 것은 없다

나는 영국의 문호인 셰익스피어의 팬인데 그 중에서도 〈리어왕〉은 중학교 시절부터 애독하고 있는 작품 가운데 하나이다. 그 한 구절에 두 눈을 파낸 아버지와 거지 모습을 한 자식이 험한 들판에서 재회하는 장면이 있다. 그때, 자식이 반감에 휩싸여 하는 말이 "지금이 최악이라고 할 수 있을 때는 아직 최악이 아니다."라는 유명한 말이다. 시험공부에 고민하고 있을 때나 일이 잘 되지 않을 때는 얼마나 그 말이 용기가 되었던가. 아마도 나뿐만 아니라 여러 나라의 여러 사람들이 이 말에서 격려를 얻어 자신을 회복하고 곤란을 헤쳐 나갔을 것이다.

우리들은 일이 잘 진행되어 가지 않거나 테스트의 결과가 나빠졌을 때 무의식적으로 '최악'이라는 말을 한다. 그러나 본인은 지금의 상태를 결코 최악이라고 생각하지 않는다. 자신의 마음 어딘가에 다른 사람에게 그런 말을 들을 정도의 여유가 있으므로 '최악'이라고 하는 언어도 예방선을 긋고, '최악'에 빠지지 않기 위해 방어 수단을 행사하고 있는 것이다. 이런 의미에서 "최악이 라고 할 수 있을 때는 최악이 아니다."라는 말이다.

이 말을 사용할 때는 하지만 그 비교(比較)의 기준이 애매하다. 이 기준을 분명히 해 두면 '최악'이라고 생각하고 있던 상태도 오히려 좋은 상태가 되는 경우가 많다.

이렇게 생각하게 되면 비관적이 되거나 자신이 없어졌을 때는 이것저것 생각하기 보다는 지금의 상태를 '최악'이라는 말로 인정해 버리는 편이 마음 편해진다. 사태가 곤란하면 곤란할수록 마음에 여유가 없어지고, 최악'이라는 말이 사라지는 경향이 있는데 이런 때가 바로 '최악'이라는 말이 필요하다. "최악"인 이상 더 나빠지지는 않는다. 앞으로는 호전 되는 것뿐이라고 생각하면 심리적으로 안정감마저 생긴다. 이런 마음의 변화가 사태를 좋게 하는 강력한 원동력이 되는 것이다.

야심은 실패의 마지막 피난처이다.

– 영국 작가 와일드

10 ——
열등감을 안고 있을 때는
'나는'을 '우리들은'으로
생각하면 극복할 수 있다

내성적이던 여성이 아이를 낳고서야 비로소 몰라볼 정도로 밝은 성격으로 변하기도 하고, 그때까지 견디기 힘들었던 열등감에서 탈출할 수 있었다는 예가 자주 있다. 이 원인의 하나는 물론 지금까지 자기에게만 향해지고 있던 과잉의식이 자식에게 분산되기 때문인데, 또 한 가지는 그 여성이 자식을 낳는 것에 의해 말하자면 '복수의식(複數意識)'을 가졌다고도 할 수 있지 않을까. 즉, 그때까지 모든 일에 대해 사용하던 '나는'이 그 순간 무의식적으로 '우리들은'으로 변화된 것이다.

심리학에서는 이것을 확산효과(擴散效果)라고 부르고 있다. 예를 들면 '나는'을 '1분의 1'이라는 숫자로 바꾸어 보면 '우리들은'은 '2분의 1'이하 '무한 숫자 분의 1'이라는 숫자가 된다. 이것은 분자인 '1'이 내게 가해지는 비중이 무한히 가벼워진다는 것을 의미하고 있다. 예를 들면 "나는 머리가 아프다"라는 사고방식을 "우리들은 머리가 아프다"로 바꾸어 넣으면 "머리가 아프다"에서 오는 열등감이 그만큼 가벼워질 것이다. 이렇게 하여 자신의 열등감의 동료를 늘리면 자신만이 고민히고 있다는 고립감은 사라져 버릴 것이다.

11 ——

'서울이 안 된다면
부산이 있다'라고 생각하면
불안이 가벼워진다

그 어떤 한 가지 일에 실패하여 풀이 죽으면 인간 공통의 심리로서 모든 것에 실패한 듯한 소위 만사 자포자기의 심리상태가 되어 버리는 경우가 자주 있다. 이 원인은 실패의 체험이 욕구 불만으로 연결되고, 욕구 불만이 인간에게 감정적인 반응이나 여러 가지 퇴행 현상(退行現象)을 일으키기 때문이다. 퇴행 현상이란 연령이 거꾸로 되어 어린이가 되어 버려 몸에 대한 반응이 미숙해지는 현상인데, 이렇게 되면 환경에 대해서도 유연성(柔軟性)을 잃고 모든 적절한 판단을 내릴 수 없게 된다.

이런 퇴행 현상에 빠지지 않는 하나의 지혜로 "A가 안 되면 B가 있다"라고 자신에게 들려주는 것도 한 가지 방법일 것이다. 물론 B뿐만 아니고 목표는 다시 C, D…라는 식으로 무한히 생각해 가면 비관할 필요가 없다는 기분이 될 것이다.

　대학 입시에 실패해도 "A가 아니면 B가 있다"를 적용하면 대학은 A만 있는 것이 아니다. 대학에 가지 못한다고 해서 자신이 살 길이 없는 것은 아니나 라는 식으로 넓은 가능성을 검토할 마음의 여유가 생겨 마음도 한층 밝아질 것이다.

세상에 비천한 직업은 없다. 다만 비천한 사람이 있을 뿐이다.

- 미국의 대통령 링컨

12 ——
정말로 몹쓸 것은
'자신은 쓸모없다'라고
인정하는 것이다

인도를 여행한 지인(知人)으로부터 재미있는 이야기를 들은 적이 있다. 그는 어느 날 한 사람의 인도 도둑의 현장을 목격했다. 그러나 당사자는 태연히 이렇게 말했다고 한다.

"가지고 도망가면 훔친 것이 되지만 나는 단순히 갖고 있을 뿐이다. 돌려주면 되는 것이다."

그리고 당당히 그곳에서 떠났다는 것이다. 이것이 우리나라 사람이라면 이렇게는 하지 못했을 것이다. 우선 범행을 인정하고, '거짓용서'를 빌 것이다. 국민성의 차이라고는 해도, 상당한 차이이다. 물론 도둑의 이야기에 칭찬을 할 생각은 없지만 인도인의 조직에는 상황은 객관적으로 보아 아주 불리하지만 절대로 안 된다는 것은 인정하지 않는 일종의 끈기가 있다. 이에 비해 우리나라 사람은 객관적으로는 절대로 안 되는 경우가 아닌데도 불구하고 주관적으로 그렇게 생각하는 약한 점이 있는 것은 아닐까. 특히 현대의 젊은이들에게 그런 경향이 강한 것 같다. 예를 들면 시험 감독을 할 때 느낀 것인데, 최근에는 끝까지 고군분투하는 사람은 적어지고, 반대로 도중에 자리를 떠나버리는 학생이 늘어나고 있는 형편이다. 또 최근 젊은이들의 취직 자리 정착률(定着率)은 옛날에 비해 상당히 나쁘다는 숫자로 나와 있다. 회사에 대한 충성심이 적어지고 있는 것인데, 조금 마음에 들지 않으면 곧 그만두어 버리는 현대인의 사고방식의 발로라고 여겨진다.

여기에는 빨리 포기하는 것에 의해 '나는 끝까지 하지 않았다. 그러나 하려면 할 수도 있었다.'라는 자기 방어벽을 미리부터 준비해 두는 심리가 작용하고 있다는 것을 이유로 들 수 있다. 그러나 인생은 그렇게 간단하게 포기할 수 있는 것이 아니다. 끝까지 발을 내디뎌야만 하는 경우도 있는 것이다. 그럴 때는 "도박은 신발을 신을 때까지 알 수 없다.", "야구는 투아웃부터"라는 말처럼 "나는 안 된다"라고 인정하지 않는 것이 중요하다. 안 된다고 생각하면 주관적인 자신의 '심리적 한계(心理的 限界)'가 아무리 해도 안 된다. 라는 '생리적 한계(生理的 限界)'처럼 여겨지고, 의욕과 투지도 상실되어 정말로 못하게 되는 것이다.

자신(自信)은 정복할 수 있다고 믿는 것은 정복할 수 있게 한다.
– 영국의 시인 드라이든

13 ———
타임 리미트 용어를
자신의 머리에서 지우면
투지가 생긴다

우리들 주변에는 '마감'이라든가 '시간 종료'라는 타임 리미트 용어가 의외로 많다.

이렇게 시간을 제한하는 것으로 일이나 공부 등이 스무스하게 진행되는 것인데, 반대로 이 제한을 지나치게 의식한 결과, 목적 그 자체에 대한 집중력이 없어지고 불안에 빠지는 경우도 여러 가지 있다. 나는 이런 현상을 타임 리미트 용어의 자포작용이라고 부르고 있는데, 이런 것을 없애기 위해서는 '마감' 등의 용어 자체를 자신의 머릿속에서 지우는 것이 제일이다.

최근 어떤 잡지에서 읽은 형사의 "내 사전에 시효(時效)란 없다"라는 담화가 기억이 난다. 그는 이 '시효(時效)'라는 법률 용어를 자신의 머릿속에서 지우는 것에 의해 사건 수사에 투지를 불태우고 있다. 이와 같이 물리적 한계를 없애버리면 자신의 목표를 명확하게 사정권내로 볼 수가 있다. 그때 뜻밖의 가능성이 생기는 경우도 적지 않은 것이다.

14 ———
심리적으로 압도될 것만
같을 때는 우선적으로
'난폭한 언어'를 사용해 본다

어떤 평론가로부터 이런 이야기를 들은 적이 있다. 평론가라는 직업은 모든 권위나 권력을 다 동원하여 비판의 화살을 꽂기도 하고 날카롭게 취재(取材)를 해야 하므로 어떤 고명한 학자나 실력자와도 대등한 말을 해야 한다. 자칫 이름의 크기에 압도되어 비평안(批評眼)이 흐려질 경향이 있다. 그 때문에 상대가 어떻게 생각하든 의식적으로 난폭한 말을 할 때가 있다고 한다.

그리고 보면 분명 TV의 '시사 대담' 등에서의 평론가들은 결코 품위가 있다고 할 수는 없는 경우가 있다. '난폭하다'라고 말하면 어떨는지 모르지만, 오히려 이런 말에 옷을 입히지 않은 언어가 그 비평의 재미를 내고 있다고도 할 수 있을 것 같다. 예를 들면, 우리들도 어려운 상대에게 압도될 것 같은 때, 이 방법을 의식적으로 사용하면 자기 자신을 상대와 심리적으로 대등한 위치에 세우고, 상대의 포승에서 벗어날 수 있을 것이다. '난폭한'이라고 해도 물론 여러 가지 응용 예를 생각할 수 있을 것이다.

몇 번이나 고쳤을 것이다. 나는 날고 싶었으니까.
– 미국의 비행가 린드버그

15 ——
별명을 사용하면
어려운 상대라는
의식이 없어진다

신문에 정치만화라는 것이 있다. 장관이 동물로 표현되기도 하고 대국의 수상이 실수하고 있는 광경이 유머러스하게 그려지기도 하여 독자의 웃음을 자아내고 있다. 우리들에게 있어서 정치 권력자라는 것은 일종의 어려운 인물이므로 이 사람들에게 친근감을 갖게 하기도 하고, 위대한 사람이라는 공포감이나 열등감을 없애는 데 이 정치 만화가 상당히 큰 역할을 하고 있다고 할 수 있을 것이다.

이와 같은 효과를 갖고 있는 것이 별명이다. 일반적으로 우리들은 심리적인 압박감을 느끼는 사람에 대해 별명을 붙이는 경향이 있다. 예를 들면 중학교나 고등학교에서 별명을 붙이는 사람은 대부분 무서운 선생님이고, 회사 등에서도 별명을 잘 붙이는 것은 까다로운 중역이다.

"어제 부장에게 또 당했다."라고 하는 것과 "어제 검정 말뚝에게 또 당했다."라는 것과는 심리적인 압력의 차가 엄연히 다르다. 바꾸어 말하자면, 우리들은 까다로운 상대에게 '별명'을 붙이는 것에 의해 그 사람과의 심리적인 불균형을 바로 잡고, 대등한 관계를 유지하려 하고 있는 것이다. 즉, 별명은 위압감을 친근감이나 우월감으로 바꾸는 특효약과 같은 효과를 갖고 있다고 할 수 있을 것이다. 그러므로 이 효과를 의식적으로 이용하면 아무리 까다로운 인물이라도 자신과 대등하거나 또는 하위(下位)에 위치시킬 수 있는 것이다.

이 심리를 다른 면에서 생각해 보면 동물이라면 동물의 이름이 우리에게 주는 '행동의 느림'이나 '머리가 둔함'이라는 인상을 어려운 상대에게 부여함으로써 그 사람이 갖고 있는 위압감(威壓感)을 봉쇄하려는 것이 된다.

일반적으로 별명이 이상하거나 우스운 것이 많은 이유는 이 때문이다. 이렇게 상대의 '또 하나의 이름'을 자신의 영역에 갖고 있는 여유야말로 스스로에게 자신감을 주는 큰 지주가 될 것이다.

다른 사람이 후퇴해도 후퇴하지 말고, 다른 사람이 전진하면 나 역시 전진한다.

- 명승 澤庵선사

16 ——
성공할 것인지 어떨지
걱정될 때는 자신의 목표를
남들 앞에서 선언해 버린다

미국의 프로 야구의 홈런왕 비이브 루이스는 불세출의 대 선수답게 수많은 전설과 에피소드를 남기고 있다. 그 중에서도 가장 유명한 것이 어떤 시합에서 센터 방향을 가리키며,

"이쪽으로 홈런을 치겠다."라고 말하고 예고한 대로 그 장소에 홈런을 쳤다는 이야기이다.

아무리 천재라고 해도 100퍼센트 자신 할 수 없는 불안한 부분을 이렇게 선언하고서 대 홈런이라는 결과를 실현시키기는 결코 쉬운 일이 아니다.

사실 우리들이 목표를 달성하려는 때 그 목표를 타인 앞에서 선언하면 효과가 있는 경우가   많다. 나는 이것을 '선언 효과'라고 부르고 있는데, 다른 사람 앞에서 선언해 버리면 그 후에 남는 것은 전

진밖에 없다. 이렇게 함으로써 목표로 돌진하는 에너지가 생기고, 자신감이 붙어 간다. 이 효과를 더 내기 위해서는 가능한 많은 사람에게 선언하는 편이 좋다. 그 점에서 매스컴을 통해 시합 전에 "3회 녀석을 다운시키겠다."라고 선언한 전(前) 프로복싱 세계 헤비급 챔피언 무하마드 알리는 이 '선언 효과'를 충분히 계산하고 있던 사람이라고 할 수 있을 것이다.

17

무서운 생각이 들 때는
그것을 말로 해버리면
평정을 찾을 수 있다

실험심리학의 원로 부노헬룸 빈트가 고안한 심리학 연구법의 하나에 내관(內觀:인트로스펙션) 법이라는 것이 있다. 자신의 마음속을 냉정하게 관찰하여 '관찰 결과'를 그대로 보고하는 방법이다. 이 방법을 흉내 내어 시시각각 변하는 마음의 움직임을 그대로 말로 하는 작업을 계속해 가면 이상하게도 두려움이 없어지고 그와 동시에 고민이 생길 여지도 없어지는 경우가 있다.

예를 들면 익숙치 않은 장소에 가서 왠지 두려울 때는 그것을 자신의 마음속에 묻어 두지 말고 있는 그대로 분명히, "나는 두려워하고 있습니다. 가슴은 두근두근 거리고 있고, 눈이 아득해지는 것 같습니다. 혀도 감기는 느낌이 들고 목이 마릅니다."라고 말을 하는 것이다. 그렇게 하면 긴장감이 밖으로 방출되고 또 기분도 이상하게 안정된다.

예를 들면 이런 예가 있다. 미국에서 다섯 손가락에 들어가는 생명보험의 세일즈맨이 아직 신참일 때, 자동차업계의 거물 한 사람을 만나 몹시 떨게 되었다. 그러나 "당신을 만난 순간, 두려운 생각이 들어 말을 할 수가 없습니다."라고 솔직히 고백했더니 오히려 공포심이 사라졌다고 하는데, 이것이 '고백'이 효과를 나타낸 좋은 예가 될 것이다.

사람은 무엇인가를 믿는 것에 의해 살아갈 수 있는 것이다.
                                              - 영국의 사상가 카알리일

18

잘 되지 않을 때는
그것을 '혼잣말'로
해 본다

외국 생활에서 노이로제에 걸리는 사람은 오래 전부터 현재에 이르기까지 계속되고 있는 실정인데, 이러한 경우를 조사해 보면 외국어가 능통하지 않다는 콤플렉스 이상으로 말을 한다는 행위 그 자체를 크게 줄이는 데 큰 원인이 있는 경우가 많다. 즉, 말할 기회가 적어져 말이 본래 갖고 있는 자신의 내면을 표출하는 작용을 충분히 하지 못하게 돼버리는 것이다. 반대로 외국생활에 잘 적응하고 있는 사람들 중에는 하숙이나 아파트로 돌아와 혼자가 되었을 때, 마음껏 혼잣말'을 하여 그 욕구 불만을 해소하는 사람이 있다고 한다. 외국에 있다고 해서 특별히 그 나라의 말만 사용해야 한다는 법은 없다. 모국어(母國語)로 충분히 자신의 내면을 토해내면 노이로제 따위에는 절대 걸리지 않을 것이다.

앞항에서 말했듯이 다른 사람 앞에서 자신의 내면을 드러내는 경우와 달리 상대가 있을 때나 또는 다른 사람 앞에서는 말하기 어려운 고민을 갖고 있을 때 이 방법을 응용해 보는 것도 하나의 방법이다. 더구나 이 방법은 실은 이미 우리들의 일상생활 중에서 발견할 수 있는 행위의 하나인 것이다. 심각한 일을 생각하고 있을 때나 매우 격렬한 감정에 사로 잡혀 있을 때 등 우리들은 자신도 모르는 사이에 말을 입에서 마구 내뱉을 때가 있다. 이것을 실패하거나 불안할 때 의식적으로도 실행해 보도록 제안하고 싶은 것이다.

혼자서 중얼거리고 있는 중에 당신의 기분은 훨씬 가벼워질 것이다.

이것에 관해 나는 일찍부터 한 가지 흥미를 갖고 있는 것이 있다. 그것은 오랫동안 사회에서 격리되어 있으면서도 훌륭하게 자신을 잃지 않고 살고 있는 사람들을 통해서도 알 수 있는 것이다.

천재를 만드는 것, 그것은 99%의 땀이다.

— 미국 발명왕 에디슨

19 ——

친구·연인에게 편지를
쓰는 것은 고통을 해소하는
좋은 수단이 된다

시험 공부를 하다 잘 되지 않는 사람, 시험에 실패한 사람, 연애 문제로 고민하는 사람 등 인간의 고민은 실로 여러 가지이지만 어떤 고민이든 그것을 해결하는 가장 빠른 방법은 그것을 남에게 말해 버리는 것이다. 혼자서 가슴 속에 담아두고 있다고 해서 문제가 해결되지 않는다.

어떤 고민이 있을 때마다 상의하는 카운슬러의 일 중에서 가장 중요한 것은 상담자가 무슨 말이든 할 수 있도록 분위기를 만드는 것이다. 상담자에게 하고 싶은 말을 전부 토해내게 하면 문제의 반은 해결된 것과 같다. 대부분의 경우, 그것만으로도 맨 처음 방을 들어설 때의 지친 표정은 사라진다.

이 카운슬링의 원리는 일상생활에도 충분히 응용할 수 있다. 자신 주위에 있는 사람들에게 자기의 고민을 털어놓는 것이다. 신흥 종교

(新興宗教)의 사회적 기능의 하나는 자신에게 이런 말할 것을 제공해 준다는 점일 것이다. 그러나 상대는 전문 카운슬러가 아니므로 무엇이든 다 털어놓기는 힘들다. 그럴 때는 부모나 친구, 연인 등 친한 사람에게 편지를 쓰라고 권하고 싶다.

이 말은 편지에는 상대의 얼굴이 보이지 않는 만큼 고민을 솔직하게 털어 놓을 수 있다는 이점이 있기 때문이다. 게다가 고민을 문자로 쓰는 것으로써 원인이 정리되고, 자신의 고민이 보다 구체적인 것이 된다. 즉, 편지를 쓰는 것에 의해 고민을 객관적으로 볼 수 있다는 효용도 있는 것이다.

아마 편지를 쓰는 것만으로도 기분이 산뜻해질 것이다. 그리고 거기에서 고민을 해소할 구체적인 수단을 발견할 수 있을지도 모른다. 이렇게 되면 편지를 쓴 목적은 달성된 것이니까 그런 편지를 부칠 필요는 이미 없다. 고민과 함께 버리면 일이나 공부에 대한 의욕도 새로이 일어날 것이다.

우리들 자신이 안고 있는 자신이, 타인에 대한 신용을 싹틔운다.
— 프랑스의 정치가 라니로슈프코

20 ——

초조할 때는 원인을
가능한
종이에 많이 써 본다

나는 초조하고 안절부절못하여 일의 능률이 오르지 않을 때는 그 원인을 가능한 구체적으로 많이 종이에 쓰고 있다. 아무리 사소한 것이라도 써보는 것이다. 우선 '옆에 있는 고양이 울음소리가 듣기 싫다.', '지금 막 산 CD가 빨리 듣고 싶다.', '이번 강연 테마를 빨리 정하지 않으면…' 등등 무엇이든 써본다. 이것만으로도 초조감을 해소하는 수단이 되는데, 이것을 정리하면 의외로 원인이 복잡하게 엉켜 있다는 것을 알게 되기도 하고, 또 반대로 상당히 단순하다는 것을 알게 되기도 하며, 초조한 원인을 객관적이고 구체적으로 파악할 수 있고 해결책이 발견되기도 한다. 때로는 우선순위를 두고 처리할 것, 참을 것, 일이 일단 끝난 후에 생각해 볼 것으로 구분해 보면 초조함이 깨끗이 정리되고, 어느 사이엔가 그것이 사라져 버리는 경우도 많다.

이것은 나의 기분 전환법의 한 가지인데, 쓴다는 행위 자체에는 긴장 경감(輕減)이 이루어지는 효용도 있다. 시험 답안에 문제와 관계 없는 낙서를 쓰거나 중요 회의에서 메모용지에 만화를 그리거나 하는 것도 이 긴장 경감의 효과를 무의식중에 기대하고 있기 때문이다.

환
경
에

의
한

자
기

암
시
술

part **2**

_____

분위기에 따라
마음이 변한다

인생은 전쟁터이다. 죽음과 싸워 이기려는 각오가 있어야 한다.

– 작가 國木田獨步

저항감(抵抗感)이 있는 일을
시작하기 위해서는
우선 외적인 조건을 정비하라

태생이 느긋한 나는 마감 직전이 되어도 의뢰받은 원고의 붓이 좀처럼 나가지 않아 호텔에서 칩거하여 편집자로부터의 재촉을 들으면 그때서야 붓을 놀릴 때가 자주 있다. 우리 집 서재에서는 아무리 애를 써도 써지지 않던 원고가 호텔방에 들어간 순간 술술 진행되는 것이다. 물론 꼭 마감을 지켜야 한다는 책임감 때문일 것이다. 그러나 그이상의 힘은 원고를 쓸 수 있는 외적(外的)조건이 정비되어 꼭 써야만한다는 심리적 압박감으로 작용하기 때문이다.

즉, 인간은 자신을 꼭꼭 잡아매듯 정비가 되면 저항감이 있어도 비교적 스무스하게 일을 할 수 있는 것이다. 일종의 정신적 부담 조건을 스스로 만드는 것은 마음이 내키지 않는 일을 시작하는데 효과가 있는 것이다.

인간은 환경의 동물이라고 일컬어지듯이 환경에 따라 맹렬하게 힘이 나기도 하고, 의욕을 잃기도 하는 경우가 자주 있다. 이 장에서는 환경에 따라 열등감을 날려 보내고 의욕이 나는 자기 암시에 대해 이야기해 보겠다.

22 ───
머리가 맑지 못할 때는
자신의 주위를
정리 정돈해 본다

일이나 공부를 하려고 할 때 왠지 머리가 산뜻하지 않은 경우가 있다. 나는 종종 이런 상태를 경험하는데, 이럴 때 한 가지 탈출법으로서 자신의 책상이나 책장 등 신변에 있는 것을 되도록 깨끗하고 철저하게 정리 정돈하고 있다. 이렇게 하면 이상하게 산뜻해지고, 머리가 맑아지는 기분이 된다.

이 작업이 갖는 심리적인 효과는 아마도 2가지 이유가 있을 것이라고 생각한다. 그 하나는 책이나 서류를 분류하여 사용하기 편한 위치를 생각하면서 배열해 간다는 작업이 머리에 맑은 상태를 주어 생활공간이 미분화(未分化)된 상태를 깨고 그것을 목표대로 분화, 조직화하여 도움을 주는 게 아닌가 하는 것이다. 바꾸어 말하자면 물리적 환경을 정리하는 작업이 심리적 환경의 정리에 일역을 담당하게 되는 것이다.

또 한 가지 이유로는 육체 작업이 갖는 의미도 놓칠 수 없을 것이라고 생각한다.

마음속에 불안이나 초조감이 생길 때, 적당한 육체적 작업을 하면 심리적인 안정감을 가져다 준다는 것은 이미 잘 알려져 있다. 이것은 일종의 기분 전환이라고도 할 수 있다. 이렇게 하여 평소에 난잡한 경향이 있던 방이 정리가 되며 그와 동시에 머리도 맑아지고, 의욕도 나는 일석이조(一石二鳥)의 방법인 것이다.

너 자신 보다 나은 충고를 해줄 사람은 없다.

– 로마의 웅변가 키케로

23 ——
싫은 것은 그에 대한 결과로
생각하는 것을 반대로 생각해 보면
싫어할 수 없게 된다

옛날 미국의 심리학자로 조건 반사를 기초로 한 '행동주의'라는 일파(一派)를 만들었던 와트슨은 "내게 한 타스의 아이를 달라. 군인이나 교사, 세일즈맨 등 내 희망대로 인간을 만들어 보이겠다."라고 호언했다. 이 말은 다소 불손하게 들리지만, 그의 방법에는 타당한 일면도 포함되어 있다. 예를 들면 그는 쥐를 무서워하는 고양이를 만들기도 하고, 개를 싫어하는 아이를 개를 좋아하게 만들기도 했는데, 그 방법은 개를 싫어하는 아이의 경우에는 우선 작고 귀여운 모피를 주어 접촉하게 할 동안 점차로 진짜 개에게 가까이 가도록 하는 스텝을 밟아 아무리 큰 개라도 무서워하지 않는 아이로 만드는 것이다.

이 원리는 현재에도 임상심리학(臨床心理學)의 행동요법이라고 일컬어지는 분야에서 응용되고 있는데, 우리들의 일상생활에서도 살릴 수가 있다. 즉, 큰 개가 무서우면 작은 개도 무서워지고, 더 나아가서는 개와 비슷한 작은 동물의 모피에도 저항을 느끼게 된다. 이 심리를 반대로 이용하여 싫어하는 것과 본체(本體)와의 관계를 생각하여 심리적 저항감이 적은 것, 즉 하위(下位)의 것에서부터 점점 고위(高位)의 것으로 익숙하게 만들어 가면 된다. 예를 들면 수학 계산 문제를 싫어하기 때문에 응용문제도 싫어지고, 또 숫자가 나오는 물리나 화학, 통계가 나오는 사회과목 등이 싫어지는 경우가 자주 있다. 이럴 때는 우선 하위에 있는 사회과목의 통계에 친숙해지도록 한다. 이 단계라면 아직 저항감이 적으므로 공부할 때마다 놀이나 좋아하는 음식을 상으로 주면 우선 이 단계에서는 비교적 간단하게 어렵다는 의식을 극복할 수 있다. 다음에 이과(理科)의 숫자 문제라는 식으로 스텝을 반대로 밟아가면 이들 일련의 문제도 해결할 수 있다.

완만한 경사를 오르면서 힘을 붙여주어 마침내 정상을 정복하는 방법과도 비슷하다고 할 수 있을 것이다.

자신(自信)이란 마음이 확신하는 희망과 신뢰를 갖고 위대한 영광과 명예가 있는 길로 접어드는 감정이다.

– 로마의 웅변가 키케로

24

부적, 마스코트는
불안감을 가라앉혀 주는
진정제가 된다

'괴로울 때는 신(神)만이'라는 말이 있는데 부적을 몸에 지니는 것만으로도 마음이 평정을 찾기도 하고 왠지 어려움을 잘 헤치고 나갈 수 있을 듯한 기분이 들기도 하는 것이다.

분명히 신은 인간의 이성으로는 이해할 수 없을지 모른다. 초인적인 힘을 갖고 있는지도 모르지만, 절체절명의 위기에서 평정한 마음을 찾을 수 있으므로 행운을 가져다준다고도 할 수 있을 것이다. 특히 부적은 몇 백만 명이나 그것을 지니고 있듯이 정신적인 상징으로서 불안감을 안정시키는 진정제(鎭靜劑)가 되어 준다. 위급할 때, 의지할 만한 것을 몸에 붙여 두면 마음이 안정되고 평소와 같은 힘을 발휘할 수 있으며, 위기도 어려움 없이 뚫고 나갈 수 있는 것이다. 그런 의미에서는 마스코트 등도 같은 효과를 가져다주는 묘약(妙藥)이라고 할 수 있을 것이다.

25 ——

점을 치는 것도 사용방법에 따라서
좋은 발흥제(發興劑)가 된다

최근에는 점을 치는 것이 붐이라고 하는데, 이 현상을 뒷받침 하는 것이 현대인의 '자아상실'이라고 말하는 사람도 있다. 점 따위의 비과학적인 것은 신용할 수 없다며 받아들이지 못하는 사람도 있을 테지만 그것은 부적보다도 더 복잡한 암시를 신의 이름을 빌려 부여해 주는 만큼 사용방법에 따라서는 실로 효과적인 발흥제(發興劑)가 되는 것이다.

자신의 운세를 점쳐 볼 마음이 생기는 것은 대부분 무엇인가에 실패할 듯한 때나 실패하여 자신이 없어진 때인데, 이렇게 해서 나온 운세는 대략적으로 낙관적인 내용이 많다. 그러므로 자신에게 있어서 플러스 결과가 나오면 그것을 격려 삼아 다음 목표로 도전해 갈 수 있다.

또 반대로 마이너스 운세가 나와도 '엉터리'라고 생각할 수 있으므로 맞지 않는 쪽으로 몰아버리면 되는데, 그 경우, 중요한 것은 그 마이너스의 운세를 '나쁜 것이니까 잊어버린다.'라고 생각하지 말고 그 것을 힌트로 해서 자신을 다시 봐야 하는 것이다. 그렇게 하면 자신에 게 있는 의외의 일면을 발견할 수도 있고 자신을 회복하는 계기를 잡 을 가능성도 충분하다. 즉, 점을 친다는 것은 어느 쪽이 나오든 자신 의 발흥제가 되는 하나의 도구로서의 효과를 기대할 수 있는 것이다.

하늘은 스스로 돕는 자를 돕는다

– 미국 정치가 프랭클린

26 ——
매너리즘에 빠지면
생활의 페이스나
생활공간을 싹 바꾸어 본다

슬럼프와 함께 일어나 공부의 능률을 떨어뜨리고 인간을 권태감이나 자아 상실에 빠뜨리는 강적으로 매너리즘이 있다. 이 매너리즘의 무서움은 슬럼프와 달리 당초에는 이 병에 걸려 있는 본인도 좀처럼 알아차리기 어렵다는 것이다. 이 말은 매너리즘은 많든 적든 사물이 순조롭게 진전되고 있을 때 일어나기 쉽기 때문이다. 예를 들면 어느 정도 실력도 붙고 일에서도 매일 특별한 이상이 없을 때 암처럼 자각 증상(自覺症狀)도 없이 시작되는 것이 매너리즘병인 것이다. 즉, 어제와 마찬가지로 오늘을 무사히 지낼 수 있을 때 우리들의 머리는 새로운 작용을 하지 않게 된다. 아직 일에 익숙치 않고 매일 새로운 사태의 연속일 때는 그것을 어떻게 해결할 것인가 하고 머리가 항상 바쁘게 움직인다. 그러나 일단 일이 익숙해지면 사고절약(思考節約) 장치라고 할 수도 있는 것이 작용하여 같은 일을 두 번 다시 생각하지 않게 된다. 물론 이 '장치'가 있음으로 해서 인간의 사고는 전진할 수 있는 것이지만, 한편으론 두뇌가 녹슬고, 정신력도 쇠약해져 버리는 것이다.

이와 같은 상태에 빠지는 것을 피하기 위해서는 항상 머릿속에 새로운 문제의식을 가져야 하는데, 이것은 말하기는 쉬워도 행하기는 어렵다. 매너리즘병에 걸려 두뇌 자체에 자발적(自發的)인 활동력을 기대하는 것이 무리라면 외부에서 활동하지 않으면 안 될 자극을 주는 수밖에 없을 것이다.

그러므로 한 가지 방법으로써 생활의 페이스나 생활공간을 싹 바꾸어 보는 것이다. 나는 항상 10일에 한 번 정도로 방의 모양을 바꾸지 않으면 두뇌의 활력이 떨어진다는 말을 하고 있는데, 때로는 책상의 위치나 방향을 바꾸고 가구의 배치를 바꾸는 등 공간적인 변화에서부터 습관화된 생활을 새로운 타입으로 다시 만들어 보는 등의 시각적인 변화까지 싹 바꾼 생활환경을 만들어 보는 것이 중요하다.

나는 다른 사람에게 이기는 길은 모른다. 내게 이기는 길을 알 뿐이다.

– 무술사柳生宗柜

27 ———
무서운 생각이 들 때는 되도록
자신에게 가장 익숙한 것을
몸에 많이 부착하고 간다

    시험장으로 향하는 수험생이나 익숙지 않은 공식석상에 나가는 비즈니스맨은 복장에서부터 소지품까지 전체를 완전히 새로이 갖추고 있는 것을 자주 본다.

    그러한 의사는 칭찬 할 만 하지만 나로서는 마음에 일말의 불안이 있을 때는 자신의 주위에 있는 것을 하나에서부터 열까지 새로이 하는 것은 적진으로 갈 때 이군을 한 명도 안 데리고 들어가는 것과 마찬가지이다. 이 말은 주위의 상황 이미지이고, 익숙치 않으면 않을수록 그 상황이 두터운 벽을 느끼게 한다. 심리학 용어에서는 환경의 미분화 상태(未分化狀態)라고 하는데, 그야말로 대상이 분화되지 않아 인간을 더욱더 고독하고 불안한 상태로 빠뜨려 버리는 것이다.

    이와 같은 때는 되도록 자신에게 있어서 많이 친근한 것을 부착하는 편이 좋다. 연필이나 손수건이라도 평소에 친근해져 있는 것을 지닌다는 것은 자신의 익숙한 생활환경의 일부를 그 장소에 가지고 나가는 것이 된다. 그리고 이런 물건은 자신의 평소 생활의 역사를 반영하고 있으므로 '이미 한 사람의 자신'으로서 적진에서 백만의 자기편 이상으로 마음 든든한 원군이 되어 주는 것이다.

28 ———
집중할 수 없을 때는
필요한 것 이외에는
몸 주위에 두지 않도록 한다

자주 일에 열중할 수가 없다. 공부가 손에 잡히지 않아서 괴롭다는 말을 듣는다. 어째서 자신에게 집중력이 없을까하고 집중해야 한다는 것에만 의식이 향해 버려 일이나 공부의 내용은 전혀 머리에 들어오지 않는다는 이야기도 있을 정도이다.

이런 사람에게는 한 번 자신이 일이나 공부하는 장소를 잘 둘러보도록 권하고 싶다. 집중할 수 없는 사람에 한해 그런 정신의 피로를 푼다거나 기분전환을 하기 위해서 라며 책상 주위에 불필요한 것을 여러 가지 늘어놓고 있는 경우가 종종 있다.

인간에게 있어서 주의력 산만이라는 것은 원래 환경의 필요에 따라 일어나는 건강한 반응인 것이다. 자연 환경 속에서 살아가기 위해 주위의 상황에 끊임없이 신경을 쓰고 외적(外敵) 환경에 대비하려는 성향은 아무리 고등 동물인 인간이라도 잊어서는 안 된다. 그러므로 익숙치 않은 환경이나 색다른 분위기, 어지러운 물건에 주의를 빼앗기는 것은 극히 당연한 일이다.

그렇다면 방법은 단 하나인데, 당면 목적을 위해 필요한 것 이외에는 일체 눈에 띄지 않도록 하는 것이다. 보이지 않는 것은 의식의 시야에서도 사라지는 것이다.

자신은 유능한 인재라는 자신감은 그 사람 자신에게 있어서 유익한 것이 아니다.

– 미국의 사업가

29 ——

CD를 이용한 잠자리에서의
자기 암시도
자신 회복에 효과가 있다

지금은 CD가 거의 모든 가정에 보급되어 있고 TV, 라디오와 함께 생활필수품이 되어 있는 것 같다. 그 활용 방법도 여러 가지로 영어 회화 연습에서부터 새소리, 오토바이 소리의 녹음에 이르기까지 실로 다채롭고 다양하다.

그중에서도 '수면학습법'은 심리학을 응용한 색다른 CD의 사용법으로서 잘 알려져 있다.

이것은 자기 나름대로 공부의 내용을 담은 CD를 돌리면 자고 있는 동안에도 공부가 진행된다는 편리한 학습법으로, 소비에트에서 연구 실험이 왕성하게 행해졌었다. 깊은 잠에 들기 전이나 확실하게 잠이 깨기 전에 생기는 일종의 최면 상태를 이용하여 무의식중에 학습 내용을 머리에 집어넣는 것이다. 말하자면 최면술 등으로 암시에 걸린 사람이 최면 상태에서 벗어난 후에 말하는 대로의 행동을 하는 것과 같은 원리라고 할 수 있을 것이다.

각성시(覺醒時)에 비하면 피암시성(被暗示性)이 상당히 높아지고 있는 만큼 이 수면학습법은 자신회복에 잘 이용할 수 있을 것 같다. 예를 들면 "지금은 기분이 안정되어 있다. 좋은 기분이다. 잘 살 수 있다. 내일 아침에는 상쾌하게 깨어 일할 의욕이 왕성하게 일어날 것이다." 라는 내용을 반복해서 CD에 녹음해 둔다. 그리고 잠자리에서 이것을 반복해서 들으며 잔다. 이것을 매일 밤 반복하고 있는 동안에 아마도 몇 주 후에는 이 자기 암시가 효과를 나타내 일이나 공부에 적극적으로 임하게 될 것임에 틀림없다.

사실 이 방법을 사용하여 나쁜 버릇을 고쳤다는 실험 예도 보고되어 있다. 손톱을 씹는 버릇이 있는 아이들을 3개의 그룹으로 나누어 한쪽 그룹에만 "당신은 이제 손톱을 물지 않는다."라는 내용이 녹음된 선생님의 CD를 들려주었던 결과, 이 그룹의 아이들만은 1개월 후에 손톱을 무는 버릇이 고쳐졌다는 것이다.

이것에서도 알 수 있듯이 CD의 녹음 소리는 자신의 목소리 보다는 자신이 존경하는 사람의 목소리 쪽이 효과가 큰 것 같다. 당신이 만일 열등감으로 고민하여 매일을 우울하게 지내고 있다면 한 번 시험해 보는 것이 좋을 것이다.

다른 사람을 이기고자 하는 사람은 우선 스스로에게 이겨라.
- 중국의 제상 여불위(呂不韋)

30

우울할 때는
만화나 유머 소설을
읽는 것이 좋다

영국의 철학자 홉스는 웃음을 '승리'의 표현으로 파악했는데, 분명히 웃음은 우월감을 나타내는 것이라고 할 수 있을 것이다. 스포츠 경기의 승리자가 항상 미소 짓고 있는 것은 물론이고 재담이나 만담을 보고 있는 사람이 웃는 것도 '나라면 저런 어리석은 짓은 하지 않는다.'라는 일종의 우월감을 이끌어내기 때문일 것이다.

이 웃음의 효용을 적극적으로 이용하면 실패하여 비관적이 된 마음의 긴장을 완화시키고 절망감 등을 간단히 뿌리칠 수 있을 것이다. 실제로 마음이 우울할 때, 만화나 유머 소설을 읽는 것만으로도 마음의 먹구름이 걷히고 활력이 넘치게 될 것이다. 말하자면 외부에서 강제적으로 웃을 자극을 주는 것에 의해 자연스럽게 우월감이 되살아나 자신감을 회복하는 것이다.

언제까지나 끙끙 앓는다고 해도 우울함이 없어지지는 않는다. 이런 때야말로 자기 스스로 의식적으로 웃을 환경을 만드는 것이 중요하다. 처음에는 벌레를 씹는 듯하던 얼굴도 만화나 유머 소설을 읽고 있는 동안 어느 사이엔가 풀어지고 의욕도 생겨난다.

31 ——
슬럼프에 빠졌을 때는
해낸 일을
눈앞에 떠올려 본다

슬럼프는 플러스(고원 현상:高原現象)라고도 일컬어지듯이 어떤 작업이 계속 해서 정체되어 있는 현상으로, 다음의 큰 비약을 위한 준비 단계라고도 생각할 수 있다. 그러므로 결코 비판할 것은 없으나 한 가지 문제는 정체되기 때문에 자신 상실에 빠지고, 모처럼의 다음 비약을 위해 비축해 두고 있던 에너지를 쓸데없는 것에 써버린다는 것이다.

이런 자신 상실의 한 가지 큰 원인은 자신의 현재나 미래에 불신감을 갖는 것으로만 멈추지 않고 과거, 즉 지금 이 단계에 이르기까지의 성장모습도 의문시 한다는 데 있다.

이렇게 되면 그때까지 습득한 것 자체가 불안해지고 불안하여 지금까지의 실적을 대수롭지 않은 것으로 만들 수가 있다. 이와 같은 상태에서 탈출하기 위해서는 그때까지 잘 해냈던 일, 과거 자신의 실적을 여실히 나타내는 것을 눈앞에 떠올려 보는 것도 한 가지 방법일 것이다. 비즈니스맨이라면 자신의 힘으로 처리한 작업 방법이나 계약을 할 때 등을, 그리고 수험생이라면 다 끝낸 참고서나 노트를 책상 위에 꺼내 보면 좋다. 이 확실한 양감(量感)이 달성의 기쁨과 자신을 불러 일으켜 줄 것이다.

최대의 재해는 스스로가 초래한다.

- 프랑스의 사상가 루소

32 ——

공부에 초조함이
생길 때는 주위에
시계를 두지 않는다

인간이 자주 초조해지는 동물이라는 것은 누구나 자신의 체험으로 인정할 수 있는 사실일 것이다. 그러나 다른 동물에게도 과연 '초조함'이라는 심리 상태가 있을까. 그렇다고 해도 설마 동물에게 물어보는 사람은 없을 것이고, 동물학자들에게 물어 보면 인간과 같은 모습은 없는 것 같다고 한다.

어째서 동물 중에서 인간만이 '초조함'이라는 감정을 갖는 것일까. 아마도 그 대답으로 시계의 발명을 들 수 있지 않을까. 어째서 그런가 하면 동물은 많든 적든 자신의 생체리듬에 맞는 체내 시계와 같은 감각을 갖고 있어 모든 행동이 그에 따라 이루어진다. 그에 비해 인간은 시계라는 기계의 발명에 의해 물리적인 시간의 개념을 갖게 되었다. 그때부터 인간은 자신의 생체 내에 있는 '시간'은 잊고 기계가 만들어

내는 시간에 속박되게 되었을 것임에 틀림없다. 그 결과, 능률의 개념이 생기고 물리적 시간 내에서의 생산고나 달성량을 신경 쓰다 보니 '초조한' 심리도 생긴 것이다. 말하자면 능률과 함께 인간은 '초조함'이라는 짐을 지게 된 것이다. 그러므로 공부의 능률이 오르지 않는다거나 일이 잘 되지 않는다. 라는 '초조한' 기분을 없애기 위해서는 이 물리적 시간을 알리는 시계를 주위에서 없애는 것이 한 가지 방법일 것이다.

시계가 없으면 안전한 자기 페이스의 생활을 보낼 수 있고, 불필요한 초조감에서 해방될 것이다. '초조하여 서두르면 일을 망친다.'라는 말 대로 의외로 능률이 오르고 자신을 회복하는 계기도 되는 것이다.

하늘은 행동하지 않는 사람은 결코 돕지 않는다.

– 영국의 극작가 셰익스피어

우울할 때는 화려한 복장,
스포티한 차림을 하면
마음이 상쾌해진다

알프스의 고봉(高峯) 마타호른에서 유명한 스위스 첼맷트으로 갔을 때 놀란 것은 이 고도 1,600미터의 등산길에 노인 관광객이 많다는 것이었다. 게다가 내 눈을 동그랗게 만든 것은 노인들이 한결같이 스포티하고 화려한 차림을 하고 있었던 것이다. 그 때문인지 나이를 느낄 수 없을 정도로 젊고 싱싱하게 보였다. 이런 복장을 할 수 있는 노인이기에 이 고원 길을 확보할 수 있는 것이라고 생각했다. 그에 비해 길을 가는 우리의 노인들은 어떤가. 여기 저기 눈에 띄는 노인들은 모두 판에 박은 듯이 아주 노인다운 복장을 하고 있다. 그 뿐만 아니라 젊은 사람들조차 예를 들면 경기가 나쁠 때는 검은 복장을 하고 또 호황이 되면 반대로 약속이나 한 듯이 밝은 복장을 한다. 내 생각으로는 나이가 들면 들수록 더더욱 우울한 사람일수록 자기 스스로 자신의 마음이 무거워지도록 하는 것 같다.

인간의 심리에는 그때의 기분이 복장을 결정하는 것이 아니라 복장이 기분을 결정하는 일면이 있다. 우울할 때야 말로 화려하고 스포티한 복장을 하면 그 복장처럼 산뜻한 기분이 될 것이다.

34 ——
항상 눈에 띄는 복장을 하면
다른 사람의 눈을
지나치게 의식하지 않게 된다

사소한 일에까지 다른 사람의 눈을 의식하고 항상 모두에게 어떻게 보여 질까를 신경 쓰느라 자유롭지 못하다고 호소하는 사람이 특히 젊은 사람들 중에 많다.

나는 이런 사람들로부터 상담을 받을 때는 자주, "한번 큰 맘 먹고 눈에 띄는 복장을 하고 길로 나가 보십시오. 애써 눈에 띄는 복장을 해도 다른 사람은 그디지 신경을 쓰지 않는다는 것을 알게 될 것입니다."라고 대답하고 있다.

사실 눈에 띄지 않는 무난한 복장만 하고 있으면 그 복장 때문에 타인의 주목을 받지 않을 것이라고 생각하는 경향이 있지만, 진상은 복장이 무난하든 화려하든 본래 남들은 의외로 무관심하다.

물론 친한 친구 사이에서는 화려한 복장일수록 관심의 정도가 높을지도 모른다. 그러나 이 경우에는 그렇기 때문에 더욱 반대로 큰 맘 먹고 눈에 띄는 복장을 해 볼 것을 권하고 싶은 것이다. 이 말은 이와 같이 신경을 쓰지 않아도 될 것에 신경을 쓰는 합리성이 없는 불안에는 역 치료법이 효과가 있기 때문이다. 자살을 하려는 사람을 막을 때 반대로 "죽어."라고 말하는 것이 효과적이듯이 한번 자신을 주목받는 상황에 놓아둬 보면 다른 사람들의 눈에 태연해질 수 있게 된다.

맛이란 음식물 그 자체에 있는 것이 아니라 맛을 보는 혀에 있는 것이다.
- 영국의 사상가 로크

35 ———
단조로운 음이나
자극은
신경을 안정시킨다

잠을 이루지 못해 곤란을 겪고 있던 친구가 이상하게도 지하철 안에서 푹 잔다는 이야기를 들은 적이 있었다. 당신에게도 이와 비슷한 경험이 한 두 번은 반드시 있을 것이다. 그럼 어째서 지하철 안이 수면에 적당한가. 아마도 그 덜컹덜컹 하는 차바퀴 소리나 몸을 흔드는 진동과 무관하지는 않을 것이다. 다른 조건을 생각해 보면 주위의 시끄러움, 밝기, 좌석의 자세 등 그 어떤 것도 자기에 적합하지 않기 때문이다.

실은 이 덜컹덜컹 하는 소리나 약한 진동과 같은 단조로운 자극의 반복은 인간의 신경을 안정시키고 전신의 기능을 진정화 하는 작용을 갖고 있다.

단조로움은 변화나 변동의 반대이며 변화, 변동이 정신적 긴장을 가져오는 데 비해 정신의 이완(弛緩)을 하는 것이다. 보채던 아기도 요람에 넣어 흔들어 주거나 엉덩이를 톡톡 쳐주면 울음을 멈추고 잠이 드는 것이다. 서양에서 옛날부터 흔들의자가 애용되어 온 것도 이런 흔들림의 반복이 인간에게 상쾌함을 주기 때문일 것이다.

또 최근 고속도로의 상하선을 구획 짓는 나무의 간격이 문제가 되었던 적이 있다. 너무나 기계적으로 등간격으로 나무를 심으면 운전자의 눈에 단조로운 반복의 자극을 주기 때문에 졸음을 초래할 우려가 있다는 것이다.

그러므로 소리나 진동을 비롯하여 이런 단조로운 자극의 반복을 의식적으로 사용하면 정신 안정제가 된다. 시계의 추, 메트로놈 등 음악으로 말하자면 안단테나 아다지오 등의 조용한 곡에 귀를 기울이고 있으면 자신도 모르는 사이에 안정된 기분이 되고 더 나아가서는 몸에 힘이 솟아나는 것을 느낄 것이다.

인간에게는 일을 하기에 적합한 장소가 있고 천하에는 무엇이든 그것을 이룰 때가 있다.

— 지사 橋本左内

36

템포가 빠른 음악은
사람의 마음에
활기와 자신을 준다

    운동회나 경기에서 용감한 음악에 맞추어 행진하고 있으면 몸 안에 활기가 넘치고 "해보자!"라는 활력이 생기는 경험은 누구에게나 있을 것이다.

    이와 같이 템포가 빠른 음악은 사람의 마음에 활기와 자신을 주는 작용이 있다. 이것은 축제에서 볼 수 있듯이 원래 인간에게 밝은 기분이니 활발한 심리 상태가 될 때 심장이나 혈관, 내분비선(內分泌線) 등의 활동이 촉진되어 자연스럽게 몸을 리드미컬하게 움직이고 싶어지고 소리를 지르고 싶어지는 것과 표리 일치되는 사실이다. 이것을 반대로 생각하면 가령 기분이 가라앉아 있을 때도 리드미컬한 음악을 듣는 것에 의해 기분을 북돋아 의욕을 되찾을 수 있는 것이다. 음악은 특히 그 물리적 진동이 육체에 직접 자극을 주는 일면이 강한 것 같다.

37

책상위보다 주위 쪽이
밝으면 주의가
집중되기 어렵다

어떤 대상에 대해 계속해서 주의를 지속적으로 갖기 위해 가장 좋은 방법은 그 대상에 강한 흥미나 관심을 갖는 것이다. 그렇다고는 해도 주의가 좀처럼 집중되지 않는 상태에서는 가장 흥미를 갖고 있지 않는 것에 주의를 집중하려 하고 있는 것이므로 그 나름대로의 환경 만들기를 할 필요가 있다. 마음이 분산되기 쉬운 잡동사니를 주위에서 없애는 것도 한 가지 방법인데, 그것이 불가능할 때는 어떻게 하는 것이 좋을까.

원칙적으로는 주위의 것을 눈에 띄지 않게 하면 좋은데, 그를 위한 구체적인 방법의 하나로 조명의 연구가 있다.

작업장이나 공부방의 환경을 생각할 때, 우리들은 어떻게 하든 밝으면 좋다고 생각하여 주위의 벽까지 밝게 하는 경향이 있다. 그러나

'생활의 예술'에 의하면 흰 벽은 동공(瞳孔)의 크기를 가늘게 하여 시야를 곤란하게 하고, 주의 산만을 초래하며 조명의 효과가 5~10% 증대하면 인간의 효율은 25% 이상 오른다고 한다. 즉, 주변부가 밝으면 주의가 집중되기 어렵다는 것이다. 그러므로 스폿 조명 등을 이용하여 필요한 부분만 밝게 하는 것이 주의력을 집중시키는데 유효하다는 것을 알게 된다.

손실은 비교적인 것인데 상상이 그것을 절대적인 것으로 만들어 버린다.
– 프랑스의 수학자 파스칼

38 ——

거울을 향해 또 하나의 자신에게 말을 걸면 자신을 냉정하게 바라볼 수 있다

극도로 기계화, 합리화된 대 조직 속에서 밤낮으로 스트레스에 시달리고 있는 많은 대기업에 이 스트레스를 해소시키기 위한 '자기 치료실' 이라는 것이 있다. 재미있는 것은 이 방 입구엔 유원지 등에 있는 백미러와 같은 볼록 거울이나 오목 거울이 놓아져 있는 것이다. 이 거울 앞에 서면 당연 오이처럼 보이는 자신의 얼굴이나 몸 등을 볼 수 있다.

유원지나 어린이 놀이터도 아니고 어른을 상대로 한 더구나 대기업의 엘리트 사원을 위해 어째서 거울이 놓아져있는가 이상하게 생각하는 사람도 많을 것이다. 그러나 실제로 이 자기 치료실을 이용하는 사람들은 모두 예외 없이 이 거울 앞에 멈추어 서서 한동안 무자비하게 변형되는 자신의 모습과 대면한다고 한다. 그렇게 하면 자신도 모르는 사이에 스트레스가 해소되어 의외로 호평을 받고 있다고 한다.

그 이유의 하나는 또 다른 하나의 자신을 앞에 두고서 자기 자신을 객관적으로 보고 무언(無言)의 대화를 할 수 있다는 거울 일면의 성질에 의한 것일 것이다. 이 대기업 자기 치료실의 경우는 자신의 모습에 무조건적으로 웃음을 이끌어 내고 항상 보아 익숙해진 자신과 비교할 수 있는 효과가 있다는 것도 부정할 수 없다.

　　그러나 이것도 자신의 모습을 구체화해서 볼 수 있다는 거울의 성질을 보다 유효하게 살린 것에 지나지 않을 것이다.

　　이렇게 보면 거울을 우리들의 자기 조절에 살리는 연구는 얼마든지 있을 듯하다. 현재 미국의 유명한 기업가가 만취해서 거울을 마주하며 자신을 되돌릴 수 있는 냉정함을 자랑한다는 이야기는 이미 잘 알려져 있고, 매일 아침 출근하기 전에 거울 속의 자신을 향해 "오늘도 잘 해보자!"라고 자기 암시를 걸고 훌륭한 성적을 올리고 있는 세일즈맨도 있다고 한다. 거울은 당신 외면의 장식뿐만이 아니라 마음의 자세를 정비해 주는 유력한 정신 강화재(強化材)인 것이다.

무엇보다도 우선 자기 자신을 존경하라.

― 그리스의 철학자 피타고라스

39 ——
적극적으로 되기 위해서는
'적색' 침착해지기 위해서는
'청색' 계열을 사용하면 좋다

환경을 바꾸는 것에 의해 자신감을 불러일으키는 색도 큰 의미를 갖고 있다. 우선 자연계의 색에서 대략적으로 말해 보면 적색은 피나, 불을 나타낸다는 것에서 활동적, 흥분적인 인상을 주고, 청 녹색 계열은 바다나 초목의 색으로 인상적인 느낌을 준다고 한다.

그리고 좀 더 상세하게 여러 가지 색과 이미지를 연결시켜 조사한 '색채 상징 테스트'에는 빨강이 분노, 흥분, 질투, 짓궂음, 수치, 사랑, 연인을 나타내고, 청색이 자신, 이상, 우월, 동경, 영원, 향수 등을 나타내고 있다고 받아들이는 사람이 많고, 자연계에서의 연상과 거의 일치하고 있다.

색에 따라 상당히 다른 영향력을 받을 수 있으므로 목적에 따라 방이나 도구의 색채 조절을 하는 것도 유효할 것이다. 불안감을 불사르

기 위해서는 적색, 초조함이나 긴장을 진정시켜 침착한 기분이 되고
싶을 때는 청색 등으로 벽지나 양탄자를 바꾸어 보는 것도 좋고 그 색
이 많은 장소에 작업장을 옮기는 것도 한 가지 방법일 것이다.

40 ——
자신이 싫어도 그것을
해야만 할 환경에 놓이게 하면
자연스럽게 좋아진다

어떤 부동산 회사를 방문했을 때 의외의 광경을 보았다. 한 사람의 청년이 과장 앞에서 부동자세로 자신의 이름을 보고하고 지시를 받아 그것을 한 구절씩 끊임없이 복창하는 것이었다. 마치 옛날 군대 방식이었다. 더욱 놀라운 것은 그 청년이 일찍이 학창 시절에는 규율이나 인습을 싫어하여 장발에 파마를 한 모습으로 다니던 아는 사람의 자식이었던 것이다. 그 무렵의 그를 알고 있던 내게 그의 변신은 그야말로 의외였는데, 인간에게는 분명히 이와 같은 일면이 있음을 부정할 수 없다. 즉, 인간은 그렇게 해야 할 환경 속에서는 좋든 싫든 그 환경에 적응하여 행동하는 것이다. 깨끗한 방에서는 쓰레기를 함부로 버리지 않지만, 난잡한 방에서는 태연하게 어지럽힌다. 지하철 안에서 모두가 노인에게 자리를 양보하면 자신도 그렇게 하게 된다. 이런 심

115

리를 반대로 활용하면 싫어하는 것을 좋아하게 만들 수 있을 것이다. 공부를 싫어하면 좋아하게 만들려고 서두르는 것보다는 우선 공부를 하지 않을 수 없는 환경 속에 자신을 놓이게 해보는 것이다. 예를 들면 전원이 열심히 공부하고 있는 도서관에 기면 싫어도 공부하게 되고, 공부하는 고통도 가볍게 느껴질 것이다.

지고 고개를 숙이는 것 보다는 오히려 이겼을 때 몸을 구부려라
– 영국의 목사 후라

41 ——
스포츠나 취미 중에는
흐트러진 마음을
통일시키기에 적합한 것이 많다

어떤 중학교 선생의 보고서에 학급 내에서 비행소년을 축구를 시켜 바로 잡았다는 이야기가 있었다. 그 소년은 가정환경도 나쁘고, 결석일수도 많아 성적이 좋지 않았기 때문에 열등감에 사로잡혀 있었다. 학교에 오는 것도 늦었고, 또 돌아갈 때는 집 주위에서 어슬렁어슬렁 맴도는 일이 많았다. 그러던 어느 날 선생님이 "너 시간 있으면 연습 상대가 되어 주겠니?"라고 축구 볼을 건네주었다. 이것을 계기로 소년은 축구에 열심이었고, 성격도 밝게 되돌렸다는 것이다.

또 이런 이야기도 있다. 어느 꽃꽂이 교실에 다니다 면허를 따고 결혼 이야기가 있어서 그만 둔 여성이 어느 날 다시 입문했다. 스승이 이유를 묻자, 결혼에 실패하여 고민하고 있는데 꽃을 꽂고 있으면 마음이 안정되는 것을 발견했다는 것이었다.

이러한 예처럼 스포츠나 취미 생활의 대부분에는 불안이나 실의에서 사람을 다시 일으켜 세우는 이상한 힘이 숨겨져 있다. 그 이유는 일반적으로 스포츠나 취미 생활에는 일정한 룰이나 관습이 있고, 게다가 그 목적이나 목표가 눈앞에 있으며 구체적이어서 분명히다. 장래의 출세나 성적 향상, 신뢰의 획득처럼 추상적인 것이 아니다. 그 때문에 정신 집중이 잘 되어 흐트러진 마음을 통일하기 쉽다고 할 수 있을 것이다.

예를 들면 중도에는 문자 그대로 목적인 과녁이 있다. 과녁을 쏘려고 하면 당연 한 곳에 정신이 집중된다. 또 유도, 검도 등의 모든 스포츠 경기에는 눈앞에 구체적인 목표가 있는 적이 있다. 다도, 꽃꽂이, 서예 등은 엄격한 범절과 함께 구체적인 형으로 나타난다. 바이올린 교실에 다니는 아이들이 학교에 가면 좋은 집중력을 발휘한다는 것도 알려져 있다.

만일 당신이 마음의 불안으로 초조한 나머지 좀 더 자신을 갖고 안정되게 살고 싶다면 이들 스포츠나 취미 생활을 하면 뜻밖의 수확을 얻을 수 있을 것이다.

우리들은 성공에 의해서보다는 실패에 의해 더 많은 지혜를 배운다.

– 영국 작가 스마일즈

42 ——
그것을 좋아하는 사람과
사귀면 싫어하던 것도
좋아하게 된다

어린이들 세계에서는 공부를 좋아하는 아이와 놀면 공부를 좋아하게 되고, 공부를 싫어하는 아이와 놀면 공부를 싫어하게 되는 예가 많이 보고되어 있다. 즉, 친구들에게 감화(感化)되는 것인데, 이 감화의 내용을 분석해 보면 여러 가지 요인이 있다.

가령 공부를 좋아하는 아이와 놀아도 어떤 책을 읽고 어떤 참고서를 사용하는가 하는 것에서 시작하여 어떤 TV프로를 보는가, 무엇에 관심을 갖고 있는가, 또 어떤 놀이를 하는가 등 실로 여러 가지 요인을 생각할 수 있는데, 그중에서 그 어떤 것에 가장 감화되느냐 하면 사귐의 전반에 감화된다는 대답이 가장 정답에 가깝다고 할 수 있다. 그런 생활 태도 전체가 공부를 좋아하는 아이로 만드는 것이다.

이것은 우리 어른들 세계에도 충분히 통하는 것이다. 무엇인가 좋아하게 되는 한 가지 방법으로 그것을 좋아하는 사람, 투지가 있는 사람과 사귀는 방법이 있다. "좋아하기 때문에 능숙해 질 수 있다."라고 일컬어지듯이 좋아하는 사람은 그것이 특기인 사람과 동의어(同義語)가 되는 경우가 많은데, 그런 사람과 사귀고 있으면 그것을 좋아하려는 목적의식이 없어도 자연스럽게 좋아하게 되어 버리는 경우가 자주 있다. 이것은 앞에서 아이들의 예와 같은 것이다.

예를 들면 "싫어서 죽겠는데 이것을 호소할 수도 없다. 배울 기력도 나지 않는다."라는 딜레마에 빠졌을 때, 우선 그 방면의 선배를 만나는 것이다. 그 사람의 언행에 영향을 받아 자신이 싫다고 생각하고 있던 '응어리'가 자연히 제거되는 계기를 잡을 수 있을 것이다.

하지 않으면 안 된다고 생각하여 무리하게 시작하거나 하는 것 보다는 그것에 통달한 사람을 매개로 하여 무리 없이 그것을 시작할 수 있는 동기를 부여받는 경우가 자주 있다.

사람은 기회가 찾아오기를 기다리지만 말고 스스로 그 기회를 만들어야 한다.
– 영국의 사상가 베이컨

43

자신을 잃었을 때는
자기보다
우수한 사람과 접촉한다

누구나 자신이 없어지면 섣불리 자극을 받아 더욱더 나빠지는 것을 피하기 위해 혼자 생각에 잠기는 경향이 있다. '긁어 부스럼' 이라는 말이 있듯이 되도록 외계(外界)로부터 자신을 지키려고 한다. 특히 대인관계에 민감해지고, 자신이 열등감을 느낄 상대와는 가능한 얼굴을 마주 하지 않으려고 하는 것이 보통이다. 그러나 나는 이럴 때 자신보다도 우수한 사람과 접촉할 기회를 가지려고 노력하는 편이다. 이것은 무모한 충격 요법처럼 보이기도 하지만, 자신이 없어진 인간의 눈으로 우수한 사람을 보면 그가 얼마나 당당한지, 자신에 차 있는지, 또한 설득력이 있는지 등의 원인을 반대의 입장에 있는 자신과 평소보다도 명확하게 대비시킬 수가 있기 때문이다. 이것은 바로 환자가 건강한 사람을 보는 관계와도 비슷한데, '자신을 잃는다.'라는 병이라면 우선 그 원인이 어디에 있는지를 발견하는 것이 선결이다.

이렇게 하여 우수한 사람에게 조언을 들으면 자신은 어째서 자신감을 잃었나 하는 원인과 그 회복법을 알 수 있는 동시에 회복의 계기를 빨리 그리고 정확하게 잡을 수가 있는 것이다.

동작에 의한 자기 암시술

part **3**

_____

발걸음이 가벼우면
마음도 상쾌

일장(一丈)의 담을 넘을 수 있는 사람은 일장오척(一丈伍尺)의 담도 넘을 수 있다.

- 승려 법연

44 ———

마음의 긴장은
몸의 긴장을 푸는
것에 의해 풀 수 있다

인간은 누구나 마음의 긴장이 높아지면 몸이 굳어져 주먹을 꼭 쥐며 몸을 긴장시키는데, 이렇게 되면 마음의 긴장은 더 높아질 뿐이다. 이럴 때는 반대로 소파에 깊고 편안하게 앉던가 하여 우선 몸의 긴장을 푼다. 정신분석을 할 때, 환자를 긴 의자에 누워 릴렉스 시키는 것도 이 때문으로 느긋한 몸에 느긋한 마음을 만든다. 평소의 태도를 약간만 바꾸어도 고민이나 불안이 사라지고 자신이 생기는 자기 암시술을 이야기 해 보도록 하겠다.

45 ——

우울할 때는 평소보다
빨리 걸으면
마음도 가벼워진다

누구나 경험이 있는 것이겠지만, 어떤 기쁜 일이 있을 때는 문자 그대로 '발걸음'도 가벼워지고 휘파람을 불게 되는 것이다. 반대로 우울할 때, 마음이 불안에 처해 있을 때는 발걸음이 무거워지고, 자신도 앞으로 구부러진다. 마음의 움직임이 자연스럽게 이런 동작이 되어 나타나는 것인데, 활기를 자아내는 바깥쪽의 조건은 자신이 의식적으로 민들이 우울한 마음을 쫓아내는 것도 결코 불가능하지는 않다.

시험 삼아, 공부가 부족한 채로 시험에 임해야 할 때는 가슴을 펴고 당당히 교실에 들어가 보라. 부탁하고 싶지 않은 상대에게 돈을 빌릴 때는 평소 보다 빠른 템포로 걷고 등을 활짝 편다. 분명히 당신의 마음에는 활기가 생기고, 잘 될 것이라는 자신감이 일어날 것이다. 이렇게 되면 시험도, 돈을 빌리는 것도 분명히 잘 될 것임에 틀림없다.

아마도 서두르는 당신의 발걸음도 자연스럽게 리드미컬해지고, 싫어도 휘파람이나 콧노래가 나와 버릴 것이다.

이때 크게 손을 흔들어 리듬을 타면서 걸으면 효과는 한층 커진다. 기분이나 정신적 활력은 바깥쪽 조건에 따라 얼마든지 변할 수 있는 것이다.

자신감이라는 것이 있다. 그것으로 충분하다.

— 미국의 시인 화이트만

46

초조할 때는
몸을 격렬하게
움직여 본다

일류 대학을 나온 대기업의 엘리트맨이 상사를 배트로 때려 죽였다는 사건은 지금도 우리들의 기억에 새롭다. 이런 사건이 일어날 것을 예측한 것인지 앞에서도 소개한 기업의 자기 치료실에는 이런 설비가 있었다.

이 방에는 벽에 걸린 사장의 큰 사진 앞에 큰 인형이 하나 놓여있다. 상사에게 야단맞아 기분이 엉망이 되거나 일의 능률이 오르지 않아 초조해하는 사원에게 대나무로 마음껏 이것을 두드리도록 하고 있는 것이다. 그렇게 하면 엉망이던 마음이나 초조함이 가라앉고 일의 능률도 오른다는 것인데, 이것은 아무래도 상당히 이치에 맞는 방법인 듯하다.

인간은 누구나 일이나 공부가 잘 되지 않을 때 초조해지기도 하고 불안감을 느끼는 것이 보통인데, 이것을 그냥 방치해 두면 더욱 증폭

되어 의욕을 잃는다. 이것을 어딘가에서 해소하지 않으면 의욕이 나지 않을 뿐만 아니라 더 나아가서는 살인 사건으로도 발전하는 것이다.

가장 손쉬운 것은 스포츠 등으로 격렬하게 몸을 움직여 고양된 심리적 에너지(긴장·초조함)를 육체적 에너지로 바꾸어 이것을 몸 밖으로 배출해 버리는 방법이다. 앞에서 말한 인형도 그를 위한 하나의 도구인데, 그런 노골적인 방법이 싫다는 사람은 스포츠를 하는 것이 좋다.

이 예처럼 초조하거나 불안할 때는 끙끙대지 말고 무엇이든 좋으니까 몸을 격렬하게 움직여 한번 땀을 흘려 보는 것이 좋다. 상쾌한 기분으로 책상 앞에 앉으면 분명히 능률도 오를 것이다.

단순한 방법인 듯하지만 실제로 실행해 보면 의외로 효과가 있다는 것을 알게 될 것이다.

스포츠맨에게 고민이나 불안을 그냥 담아 두는 타입이 적은 것도 인간관계나 직업상, 공부를 하는데 있어서의 스트레스도 육체적인 에너지로 잘 전환시켜 발산시키는 생활 기술을 익히고 있기 때문일 것이다.

뜻을 세우는 데 있어서 '너무 늦었다'라는 때는 없다.

-영국의 정치가 볼드윈

47 ────

큰 목소리는
자신의 마음도
크게 만든다

「어째서 영어를 하지?」라는 책을 읽고 한 가지 감탄한 것이 있다. 이 책은 우리나라의 영어 교육에 일찍이 없었던 야만적이라고도 할 수 있는 에네지틱한 방법으로 영어의 발음이나 회화를 학생들에게 가리키는 여교사의 기록인데, 내가 눈을 동그랗게 떴던 것은 바로 바른 발음을 가르치는데 크게 숨을 내뱉고 목이 쉴 정도로 큰 소리로 연습을 시켰다는 것이다.

영어의 음성학적인 것은 그렇다 치고 내가 놀란 것은 이렇게 가르치는 방법은 아마도 그 교습 내용이 정확한 것 이상으로 학생들에게 자신(自信)을 주었을 것이다.

외국에 있던 나의 선배는 "비록 틀려도 좋으니까 되도록 큰 소리로 말하는 것이 덩치 큰 외국인을 상대하는 비결이다."라고 말하고 있다. 물론 이것은 우리들의 일상생활에서도 통용된다. 작은 목소리는 자신이 없는 듯이 들릴 뿐만 아니라 때로는 거짓말을 하고 있는 것은 아닐까 하는 의심하저 일으키게 한다. 그에 비해 큰 목소리는 상대에게 주는 인상이 자신만만할 뿐만 아니라 그 목소리에 자기 자신이 고무되어 정말로 자신감을 갖게 된다.

48 ——
무엇이든 바쁘게 일을
해 보면 불안이나
두려움을 쫓을 수 있다

내가 카운슬러 일을 하면서 놀란 것은 소위 성공이라는 이름하에 경제적으로나 정신적으로 여유를 가진 사람들에게는 노이로제나 불안을 호소하는 사람이 의외로 많다는 것이었다. 그들은 저마다 "매일 먹을 것을 얻기 위해 필사적으로 일을 하던 때는 이런 일이 없었다." 라고 말하는데, 분명히 인간의 정신적인 불안이나 공포는 이런 일면이 있다. 정신상의 고통이 일종의 사치병이리고 일컬어지는 원인도 바로 이 때문일 것이다. 즉, 매일을 바쁘게 살고 있으면 그 사람의 마음속에 불안이나 공포 따위가 생길 여지가 없어지는 것이다. 이 현상을 반대로 생각하면 불안이나 두려움이 마음속에 생겼을 때는 무엇이든 좋으니까 바쁘게 일을 하면 그 불안이나 두려움에서 벗어날 수 있다는 것을 알게 된다.

실은 이것은 내게도 사적인 체험이 있다. 나는 소위 조울질(躁鬱質)의 성격으로 주기적으로 우울한 기분으로 괴로움을 겪은 적이 있다. 그럴 때 우울하게 집에 처박혀 있으면 더욱 심해져 버린다. 그러므로 그럴 때는 의식적으로 일을 많이 맡아 스케줄을 꽉 잡는 것이다. 그렇게 하여 싫어도 활동해야 하는 상태로 자신을 몰고 가면 그러는 중에 우울함이 우울함을 부르는 악순환에서 벗어날 수 있는 것이다.

화복(禍福)은 하늘에 있지 않다. 사람이 부르는 것이다.

－정치가 本多正信

자신의 마음을 움직이기 위해
일정한 동작을 동반하면
암시효과가 배가(倍加) 된다

자기 자신의 마음속으로 자신에게 말을 걸고 기도를 하는 것에 의해 자신이 원하는 방향으로 움직여 가는 것이 자기 암시술이라는 것인데, 자기 자신의 마음을 움직이는 데에 일정한 동작을 동반하면 효과가 배가(倍加) 되는 경우가 많다.

예를 들어 우리들은 무엇인가 중대한 해결을 할 때 무의식적으로 손가락을 꼭 오므리기도 하고 입술을 꽉 깨물기도 한다. 종교적인 기도에는 합장이나 예배 등 반드시 어떤 동작이 동반된다.

이와 같이 자신의 마음에 말을 거는 동작을 동반하는 것이 그 나름대로의 의미를 갖고 있다면 이것을 우리의 일상생활 속에 의식적으로 받아들일 방법은 없을까. 실제로 저 유명한 히틀러는 "하이 히틀러"라고 국민에게 외치게 하는 것과 함께 오른손을 높게 들어 그 충성심을 이끌어 내는 데 성공했다. 가까운 예로 세일즈맨의 아침 조회나 노동조합의 대회 때도 이 방법을 사용하여 단결심을 높이고, 개개인의 가슴에 의욕을 불붙게 하는 효과를 얻고 있다. 이처럼 이런 동작은 마음속으로 바라는 말과 항상 함께 연결시켜 행하는 것이 효과적이다. 미국의 카운슬러 노만 V 필 씨가 소개하는 이야기에는 매일 밤 돌아가면서 "이제부터 밤의 의식을 시작하겠습니다."라고 말하며 달력을 한 장 찢어 쓰레기통에 버림으로써 그 날 하루의 기분을 깨끗이 일소하는 비즈니스맨의 경우가 나온다. 이런 의식을 의도적으로 응용하면 예를 들어 시험 전에 정신 통일을 위해 시험 문제 용지 위에 두 손을 모으고 "나는 침착하게 전력을 발휘한다."라고 암시를 걸면 유유히 시험에 임할 수 있을 것이다.

이 세상에서 가장 중요한 것은 어떻게 하면 자기 자신을 자신의 것으로 만들 수 있는지를 아는 일이다.

– 프랑스의 사상가 몽테뉴

50 ———
작업을 시작하기 전에
무엇인가를 응시하면
심적 에너지가 높아진다

프랑스의 화가 세잔느는 창작에 임할 때 붓을 잡은 채 몇 분에서 몇 십 분을 가만히 대상을 바라보다가 한 후에, 생각이 남다른 듯이 붓을 움직였다고 전해진다.

세잔느 만큼 고도의 창작 활동이 아니더라도 사물을 가만히 응시하여 정신적 에너지를 높이는 방법은 우리들의 일상생활에도 충분히 응용할 수 있다. 예를 들면 일을 하기 전에 서류를 보는 것이다. 이렇게 하여 의식적으로 시야 협착(視野狹窄)을 만들면 의식이 한 점에 집중되어 정신 통일이 되고, 그 후 시작하는 것에 관심이나 의욕이 맞추어지는 것이다.

최면 유도에 사용되는 응시법(凝視法)도 같은 원리로 사람을 최면 상태로 유도하기 위해 붓이나 손가락 끝 등의 한 점을 가만히 보게 하고 시야를 극단적으로 하여 정신을 극도로 집중시키는 것이다. 작업을 하는 경우에는 이 원리로 정신을 집중시키고 마음을 안정시켜 두면 주위의 잡음에도 신경 쓰이지 않으며, 열심히 일을 할 의욕도 솟아나는 것이다.

다른 사람의 이야기가 귀에
잘 들어오지 않을 때는 메모를 하는 등
이야기에 대응하는 작업을 한다

　다른 사람의 이야기를 들을 때, 상대에 대해 주눅이 들어 있거나 이야기가 지나치게 어려우면 초조해지고 불안해져 상대가 무슨 말을 하는지 전혀 귀에 들어오지 않는 경우가 자주 있다. 물론 이야기의 내용이 흥미가 없는 경우도 있지만, 대부분의 경우는 이쪽의 정신 상태가 나쁘기 때문에 이야기에 집중하지 못하고 불안을 겪게 되는 것이다. 이럴 때, 가장 간단하고 자연스러운 방법은 메모를 하는 것이다. 메모를 하기 시작하면 상대에 대한 감정 보다는 (요령 있게 포인트만을 파악하는 메모를 하면) 작업상의 요구도 자연스럽게 이야기 내용 그 자체에 주의가 집중되고, 불안감이 사라져 상대의 이야기를 이해할 수 있게 된다. 메모를 한다는 작업이 효과적인 또 한 가지 이유는 그때까지 이야기를 하는 사람에서 듣는 사람에게로의 일방통행이던 커뮤니케이션이 메모를 하는 것에 의해 왕복 작업이 되고, 듣는 사람도 적극적인 자세가 생겨 불안이나 수동적인 자세가 사라지게 된다.

이렇게 되면 이야기하는 상대에 대해 더욱 열중할 수 있고, 자신의 입장을 강화할 수도 있는 것이다.

산속의 도둑을 치기는 쉽지만 마음속의 도둑을 치기는 어렵다.

– 중국의 철학자 왕양명

52 ——

싫어하는 것을 좋아지게 하기 위해서는
그것과 관계있는 도구나
물건을 접촉할 기회를 많이 갖는다

어떤 것을 하지 않으면 안 되는데 아무래도 싫어서 의욕이 일어나지 않을 경우가 있다. 나도 가끔 그런 심리상태에 빠지는데, 그럴 때 자주 떠올리는 이야기가 있다.

어떤 비즈니스맨이 작은 실수로 인해 책임을 지고 좌절되어 기분이 상한 결과, 전혀 일할 기분이 나지 않았다. 그는 매일 멍하니 지내고 있었는데 책상 위에는 처리해야 할 서류가 날마다 조금씩 많아졌다. 그러나 그는 그것을 정리할 마음이 생기지 않아 전임자가 남겨둔 가위를 사용하여 찍어 붙이기를 만들어서는 쓰레기통에 버리고 있었다. 며칠이 지나자 회사에 오면 자연히 가위에 손이 가고 책상에 앉는 것이 재미있어졌다. 그가 그 외의 사무용품을 정리하고 서류 정리를 시작한 것은 그로부터 얼마 지나지 않아서라고 한다. 이 이야기는 촉각(觸覺)이 가져오는 효과를 잘 나타내 주고 있다. 예를 들면 아기 시절엔 몸 주위에 있는 것은 무엇이든 집어 입에 넣어 보는 습성이 있는데, 이것은 손과 입의 촉각으로 식별하고 있는 것이다. 그리고 성장함에 따라 시각(視覺)이나 청각(聽覺)도 인지(認知)의 수단으로써 발달하게 되는데, 역시 직접 대상에 닿을 수 있는 촉각은 가장 원시적인 만큼 가장 강하게 본능적·감각적인 부분에 호소하여 인간을 움직이는 힘을 갖고 있다.

이 심리를 응용한 상술로 백화점에서 자주 볼 수 있는 실연판매(實演販賣)가 있다. 손님은 처음에 파는 쪽의 실연을 보지만, "자 손으로 만져보세요."라고 하면 그것을 손에 잡아 본다. 여기에는 만지게 함으로써 그 상품을 친숙하게 만들어 그것을 받아들이기 쉬운 상태로 만들기 위한 작전이 있는 것이다. 이 상법(商法)의 원리를 자기 자신에게도 의식적으로 사용하면 최초의 예에서 보듯이 싫은 일도 익숙해져 의욕을 불러일으킬 수 있는 계기를 잡을 수 있게 되는 것이다.

인생이란, 표를 사서 궤도 위를 달리는 차를 탄 사람은 알 수 없는 것이다.
- 영국의 소설가 모옴

53 ———

흥분 될 듯한 때는
가까이 있는 작은 물건을
갖고 놀아본다

결혼 피로연 등에서 익숙치 않은 연설 따위를 부탁받고 보면 정신적 긴장이 극도로 높아질 것이다. 부동자세인 채로 문자 그대로 가엾은 경우를 자주 보게 된다. 그 정도까지는 아니더라도 혹시 그런 일이 생기지 않을까 하여 불안감으로 자기 순서가 지나갈 때까지 제대로 식사도 못하는 경우가 있는 것이다. 이런 불안으로 고민하는 사람이 있다면 즉효성(卽効性)이 있는 방법으로 무엇이든 손 가까이에 있는 작은 물건을 잡고 일어설 것을 권하고 싶다. 손가락 끝의 적당한 운동이 마음의 긴장이나 불안을 완화시키는 효과를 가져다 줄 것이기 때문이다.

우리들은 평소에 마음에 긴장이 생겼을 때는 무의식적으로 손이나 발 등의 작은 관절 운동을 하고 있다고 한다.

까다로운 전화를 받고 있는 사람은 대부분 수화기의 코드를 비틀

기도 하고 종이에 낙서를 하기도 한다. 이것은 몸의 말단부(末端部)에 신경을 보내는 것에 의해 정신의 이상한 긴장을 피하려는 생체(生體)의 자연스러운 지혜이다. 흥분할 듯한 때는 이것을 의식적으로 활용하면 좋을 것이다.

54 ——

좋지 않은 상황이라도
물리적 거리를 줄이면
심리적 거리도 줄어든다

골프에서 종종 못 안으로 공을 쳐서 넣는 사람이 있다. 완전히 악수 의식에 홀리고 말아 연못이 보이는 곳에서는 될 수 있는 한 먼 장소에 서서 연못 쪽을 향하지 않도록 해서 쳤다. 그런데 이렇게 연못에서 멀리 떨어지려고 하면 할수록 그전보다 더 연못에 빠지고 말아 버리므로 어느 정도 반포기 상태로 '그렇게 연못을 좋아한다면 처음부터 쳐서 집어넣어 주겠다.'라는 듯이 연못을 향하여 공을 힘껏 쳤다. 그러자 어떻게 되었을까. 공은 연못을 완전히 피해서 원하던 장소로 날아간 것이다.

실은 우리들 생활 중에도 이러한 경우는 많이 있다. 나도 교실에서 평소에 느끼고 있던 일이지만, W·E·레이폴드라는 학자의 '대화자의 거리와 성격의 관계'를 조사한 실험에서도 자신이 있는 학생은 상대에게 가까이 앉고, 자신이 없는 학생일수록 멀리 앉는다고 한다. 즉 인간은 무의식적으로 상대에 대한 심리적인 거리감, 저항감을 물리적인 거리로 나타내는 것이다.

이것을 거꾸로 생각하면 심리적인 거리감, 즉 고수(苦手)의식을 없애기 위해서는 고수(苦手)라고 해서 멀리하려고 하는 것이 아니라 반대로 물리적인 거리를 단축시키면 좋을 것이다. 앞의 골프는 이 원리를 자신도 모르는 사이에 실천하고 있다는 것을 말하는 셈이다.

사람은 아무리 높은 곳이라도 올라갈 수 있다. 단 거기에는 결의와 자신감이 필요하다.

-덴마크의 동화 작가 안데르센

마음이 불안정할 때는 팔짱을 끼거나
다리를 꼬는 등의 방어 자세를 취하면
마음의 평정을 유지할 수 있다

장기나 바둑의 대국자가 대국(對局)에 임했을 때 팔짱을 끼고 가만히 장고(長考)하는 모습을 본 적이 있을 것이다. 또 서로 이해가 상반되는 상대끼리 언쟁을 할 때도 팔짱을 끼는 경우가 있다. 나도 뭔가 어려운 질문을 받았을 때나 생각을 깊이 해야 할 때 등에는 무의식적으로 팔짱을 끼는 경우가 자주 있다.

이 지세는 바디 랭기쥐(Body language:신체 언어) 연구가에 의하면 '방어자세'의 하나이며, 상대와의 사이에 장벽을 만들거나 또는 자신의 몸을 자신이 안 듯이 하여 표면적(表面的)을 작게 만드는 것에 의해 자기 몸의 안전을 기하려 한다는 것이라 한다.

분명히 팔짱을 끼면 몸은 '방어' 자세가 되고, 특히 구체적인 육체적 공격을 느낄 때가 아니더라도 일종의 안심감이나 안정감을 스스로에게 주는 것이다.

그러므로 어려운 상대와 직면해야 할 때, 상대가 있을 때는 물론이고 직면할 상대자가 없을 경우에도 무언가 불안감이 있거나 냉정함을 되찾을 필요가 있을 때는 팔짱을 껴서 자신의 마음을 '수비'하는 것도 한 가지 방법이라고 할 수 있을 것이다.

순서에 의한 자기 암시술

part **4**

일을 하는 방법에
따라 어려운 일도
쉬워진다

험한 산을 오르기 위해서는 처음부터 천천히 걸을 필
요가 있다.

- 영국의 극작가 셰익스피어

56 ─────
큰 목표를 겨냥하기 보다는
작은 목표를 하나씩 달성하는
것이 자신감을 생기게 한다

'트로이의 유적'을 발굴한 독일의 고고학자 쉬리맨이 소년 시절 호메로이스의 열렬한 애독자였다는 것은 잘 알려져 있다. 그는 소년 시절의 꿈을 현실로 만드는 것을 생애의 목표로 삼았는데, 그가 제일 먼저 시작한 것은 고문(古文)의 해독을 위해 어학을 마스터하는 것이었다. 이어서 발굴자금을 만들어내고, 마지막으로 발굴을 위한 시간을 냈으며, 마침내 일생의 큰 목표를 달성했다. 그는 메인골을 갑작스레 겨냥한 것이 아니라 작은 목표를 하나씩 달성하는 것에 의해 자신감을 붙이고 오랜 기간 동안 하나의 목표를 향해 맹렬하게 돌진했던 것이다.

'천천히 그러나 착실하게'가 그것을 달성할 수 있는 기본이 되는데, 아무리 작은 레벨 업이라도 레벨 업 한 실적이 사람들의 마음에 주는 힘은 실로 크다. 갑자기 큰 목표를 겨냥하는 것 보다는 작은 목표를 하나씩 달성해 가는 것이 자신감을 낳는 원천인 것이다. 그런데 세상에는 자기 자신에게 무리한 난제(難題)를 억지로 부과하여 쓸데없는 초조감에 시달리기도 하고, 자신감을 상실하는 사람이 적지 않다. 이 장에서는 일이나 공부의 진행 방법을 약간만 바꾸어도 의욕이 생기고 자신을 가질 수 있는 자기 암시술을 여러 가지 생각해 보기로 하자.

57

목표는 구체적이면
구체적일수록
'의욕'이 높아진다

몇 십 년이나 골프를 했는데도 전혀 늘지 않는다고 한탄하는 골퍼를 자주 보게 된다. 나도 그중에 한 사람인데 단기간에 좋아지는 사람들의 이야기를 들어 보면 운동 신경이 발달한 것도 있지만 골프에 대한 생각이 다르다는 것을 알 수 있다. 골프를 하는 이상 누구보다도 잘하고 싶어 하는 것은 당연하다.

그들은 단지 막연하게 잘했으면 하고 바라는 것이 아니라 예를 들면 '3년 이내에 싱글이 된다.'라는 구체적이고 확실한 목표를 갖고 있는 것이다. 그를 위해 연습에도 열심이고 또 그러면 실력도 좋아진다. 심리학 용어에 목표 행동이라는 말이 있는데 목표가 있을 때야 비로소 행동이 일어난다는 것이다. 그리고 그때의 목표가 구체적이고 명한 것일수록 목표를 향한 행동은 직선적이 되고 의욕을 낼 수 있다는 것은 당연하다.

'마카로니 샐러드를 만든다.'라는 목표를 세우고 물건을 사러 나가는 주부와 '저녁 식사의 반찬을 만들자.'라는 막연한 목표를 가진 주부와는 쇼핑 방법이 디르다. 분명한 원인이 없는데도 아무래도 의욕이 나지 않는 사람은 목표가 불명확하거나 막연한건 아닌지 한 번 체크해 보는 것이 좋을 것이다.

나는 배부른 돼지 보다는 배고픈 인간이 되고 싶다.

-영국의 사상가 밀

58

일을 시작하기 전에
그 프로세스를 체계화하면
마음이 편해진다

이런 이야기가 있다. 어느 나라의 왕이 두 사람의 신하에게 같은 넓이의 땅을 주고 거기에 길을 건설하도록 명령했다. 전혀 경험이 없는 일이므로 두 사람은 머리를 짜냈다.

이중 A는 초조해하면서 우선 가운데에 집을 한 채 짓고, 다음에 그 집에 길을 만들어 물을 끌어 들이는 작업을 시작했다. 그러나 B는 초조해하면서도 아직도 머리를 짜내고 있었다. 이렇게 하여 날이 상당히 지났다. A의 공사는 상당히 진행되었는데 아직 기일까지 완성될까 하는 불안에 휩싸여 있었다. 그러나 B는 아직 나무 하나 자르지 않았는데도 맑은 얼굴을 하고 있다가 마침내 공사를 시작했다. 사실 B는 그때까지 쭉 일의 순서를 생각하고 있었던 것이다. 아마 이 승부는 B의 승리로 끝났을 것인데, 여기에서는 승부의 귀추보다는 그들의 심리 상태가 문제이다. 가령 무승부로 끝났다 해도 A는 시종 초조해하고 있었음에 비해 B는 중간에서 안심하고 일에 임하고 있다. 이 차이는 실은 B가 일의 순서를 생각하는데 시간을 들여 일을 체계화했으므로 전체의 전망이 생겼기 때문에 생긴 것이다.

이것은 하나의 우화에 지나지 않지만, 예를 들면 광대한 면적의 토지 개척을 담당했을 때의 우리나라 사람과 미국인의 차이와도 비슷하다고 한다.

시스템적 사고에 익숙해져 있는 미국인은 모든 가능성을 추구하여 일의 내용을 체계화한다. 일단 체계화된 일은 도중에 작은 트러블이 있거나 순서의 변경이 생긴다 하더라도 어디에서부터 손을 대야 좋을지 곧 알 수 있다.

즉, 안심하고 일에 임하는 것이다. 이와 비슷한 체험은 우리들의 일상생활에도 계속 있을 것이다. 조금 시간이 걸려도 일을 체계화 하여 전체의 상(像)을 파악하는 그 때에 이미 그 일이 완성된 것과도 같은 안심감(安心感)을 느낄 수 있는 것이다. 이 안심감이 순서의 훌륭함 이상으로 그 이후의 일 능률을 크게 좌우한다.

만일 처음에 성공하지 못하면 도전하고 다시 도전하라.

― 영국 소설가 힐튼

59

생활의 권태감을
없애기 위해서는
스케줄을 깨본다

매일 정각에 회사에 가서 일도 깨끗이 해내는데 어쩐지 활기가 나지 않고 모두가 재미없어지는 것은 보통 사람이라면 누구나 경험한 적이 있는 일일 것이다. 이럴 때 당신은 어떻게 하는가.

이럴 때는 '할 일을 한다.'가 아니라 '할 일을 하지 않는다.'라고 생각하는 편이 중요하다. 생활의 권태감은 대부분 같은 패턴의 생활 태도가 반복되고 있는데 대해 질리거나 피로하거나, 신선한 감동이 생기지 않아 일어나는 것이다. 그러므로 이런 권태감에서 탈출하기 위해서는 생활 패턴을 깰 필요가 있다. 예를 들면 '12시가 되었으니 잔다. 하루 8시간 일한다. 일요일이니까 쉰다.'라는 스케줄을 대담하게 깨는 것이다. 하루에 2배 일 하고 다음 날 쉬기도 하고, 저녁 식사 후에 곧 잔 다음 한밤중에 일어난다거나 하는 등 보통 때와 다른 시간대에 다른 체험을 하는 것이 새로운 생활과 새로운 당신을 발견할 기회를 만들어 주는 것이다.

60

질려 있을 때는 쉬는 것보다
이질적(異質的)인 작업을
해보는 편이 좋다

자주 일이나 공부가 생각대로 진행되지 않는 이유로 "질렸다."라는 말을 하는 사람이 있는데, 이것은 당치도 않은 오해이다. 인간이므로 누구나 질리는 경우가 있다. 문제는 질려서 능률이 오르지 않느냐, 아니면 질려도 능률이 오르느냐에 있다. 이것은 사람에 따라 차이가 나는 것이다.

"질려 있어 아무리 노력해도 허사이다."라는 사람은 아마도 질렸다는 것을 피로라는 것과 같이 생각하여 잠시 쉬다 또 일할 생각을 하는 것이 아닌지. 그러나 '질림'은 피로와는 달리 심리적 포화현상(飽和現像)이라고 해서 그 방면에 향하는 관심이다. 호흡능력이 꽉 차 버리는 것이다. 그러므로 쉬는 것만으로는 이 상태가 그대로 유지될 뿐이다. 때문에 쉬는 것 보다는 한동안 다른 방면으로 관심을 전환시켜 최초 작업의 포화상태를 풀어야 하는 것이다. 예를 들면 많은 ○표를 쓰는 작업을 시켜 '포화'의 정도를 조사한 실험에도 도중에서 문자나 그림을 그리게 하는 등 이질적인 작업을 시키면 능률의 저하를 막을 수 있다는 결과가 나와 있다.

즉, 영어 공부에 포화된 때는 수학, 물리에 질렸으면 문학 작품을 읽는 요령으로 바꾸어 작업하여 포화를 해소시키면 좋을 것이다.

61 ——

싫은 일을 할 때는
우선 그 전에
좋아하는 일을 한다

베테랑 세일즈맨을 만나면 처음에는 전혀 살 마음이 없었던 물건이라도 사게 되는 경우가 자주 있다. 결국 달변이라고 할 수 있는 그의 설득에 교묘하게 넘어가는 것인데, 그것은 그들이 인간 심리의 기민함에 정통해 있기 때문일 것이다.

그들의 설득에서 공통되는 것은 날씨 이야기, 가족 이야기 등 평범한, 그러나 이쪽이 "네"라고 대답할 만한 질문을 해나간다. 이렇게 하여 이쪽이 "네."라는 대답을 하는 것에 대해 저항감을 느끼지 않게 되었을 때 드디어 문제의 핵심으로 접근해 간다. 그러다가 마침내 "네."라고 대답해 버리고, 결국은 필요하지 않은 물품도 손에 넣게 된다.

이것은 심리학에서 말하는 '멘탈 셋트'를 응용한 수법이다.

아무래도 마음이 내키지 않는 일을 할 때는 의식적으로 이 원리를 응용하면 저항감이 줄고, 의외로 스무스 하게 일이 진행되는 경우가 있다. 예를 들면 국어가 약한 사람은 그 전에 자신이 가장 잘 하는 과목의 공부를 하여 공부에 대한 '멘탈 셋트'를 만드는 것이다. 작가 중에는 내키지 않는 원고를 맡기 전에 노는 사람도 있는데 이것도 자신의 마음을 일로 돌리려는 자기 암시라고 할 수 있다.

이 방법에는 저항감을 없앤다는 소극적인 효과뿐만이 아니라 부산물도 있다. 말하자면 '조주효과(助走效果)'라는 것으로, 전에 쉬운 일, 편한 일을 정리하던 리듬에 따라 그 기세로 단숨에 싫은 일도 처리하게 되는 것이다. 자주 시험문제를 풀 때, '쉬운 것부터 하라.'라고 하는데, 이것도 성공 체험을 쌓아 조주(助走)의 스피드가 생겼을 때 문제를 바꾸면 어려운 문제도 간단히 뛰어 넘을 수 있는 경우가 많기 때문이다.

청년이여, 의지를 강하게 하고 신체를 강하게 하기 위해 매일 한 번은 어렵다고 생각되는 일을 수행하라.

– 미국의 철학자 제임스

헤맬 때는 목적에 이르는 단계의 어느 하나에 문제의 초점을 맞추어 생각한다

"여성과 쇼핑에 같이 가면 시간만 많이 걸리고 지쳐 버린다."라고 한탄하는 남성이 많다.

백화점에 옷을 사러 가도 이것은 모양은 좋은데 색이 좋지 않다거나 스타일은 마음에 드는데 재질이 어떻다는 등 한참 돌아다닌 끝에도 쇼핑 목적은 달성하지 못하고 돌아오는 경우가 많은 것 같다. 그러나 이런 일은 여성뿐만이 아니라 누구에게나 있는 일로 공부나 일에 그런 일이 생기기도 한다.

이럴 때는 반복하여 문자 그대로 미로를 헤매게 되는데, 이 때는 목적에 이르는 단계의 어느 하나에 문제의 초점을 맞추어 생각하면 미로를 빠져 나갈 수 있는 길을 발견할 수 있다.

예를 들면 같은 양복을 산다고 해도 무늬냐, 스타일이냐, 아니면 재질이냐 하는 식으로 목적을 한정하는 것이다. 무늬를 우선으로 하면 다음 포인트는 스타일로 한다. 이렇게 문제를 한정시켜 생각해 가면 헤매는 일 없이 목적을 달성할 수 있게 될 것이다.

교제의 가장 좋은 방법은 지성이다.

– 실업가 涉澤榮

63

눈앞에 잡다한 일을
그냥 방치해 두면
정신적 긴장이 높아질 뿐이다

내가 아는 지인(知人) 중에 수첩을 색다르게 사용하는 대기업의 부장이 있다. 다이어리 스타일의 그의 수첩에는 일에 관한 모든 예정이 적혀 있는데, 신변의 잡다한 일까지 작은 문자로 빽빽이 적혀 있는 것이다. 그것이 처리된 뒤에는 싸인 펜으로 일일이 색을 칠해 덮는다. 잡스러운 일의 메모로서 대기업의 부장으로서는 무시할 듯한 일들로 예를 들면 '세븐 스타를 구입할 것.'이라는 것까지 포함되어 있다. 내가 "상당히 꼼꼼하시군요."라고 하자, 그는 심각한 얼굴로 "이런 것을 그냥 방치해 두고 있으면 그것이 신경에 걸려 비즈니스의 능률이 오르지 않습니다."라고 대답해 주었다.

'해야 할 일을 하지 않는 것에서 오는 긴장'을 노이로제로 연결 지어 생각한 것은 미국의 펜실베이니아 대학의 의학교수인 스트크 박사인데 다른 사람이 보기에는 하찮은 일로 보여도 걱정이 되는 것이라면 그때그때 처리해 버리면 본래의 일에 집중할 수 있다. 비록 바쁘기 때문에 즉시 처리할 수 없더라도 그처럼 메모를 하는 것만으로도 잡념에서 해방되는 것은 분명하다.

64 ——

10년 후의 계획을
세우면 눈앞의 계획도
쉽게 보인다

내가 공부를 가능한 편하게 그리고 능률적으로 하는 「공부술」을 쓴 이래 많은 수험생으로부터 '이런 방법도 효과가 있다.'라는 지혜가 매일 전달되고 있다. 상당히 탁월한 방법도 있었는데, 어떤 중학생의 편지에 이런 것이 있었다.

고등학교 시험공부에 임하고 있는 그는 공부가 하기 싫을 때는 반드시 대학 입시의 팜플렛이나 취직 가이드북을 읽는다고 한다. 그러면 지금의 공부가 그다지 고통스럽게 여겨지지 않고 다시 의욕이 생긴다고 한다. 과연 대학 시험이나 취직 시험에 비하면 고등학교 시험은 편한 것이라고 여겨질지 모른다. 말하자면 그는 장래의 목표를 생각하는 것에 의해 지금의 목표를 대조적으로 작게 만드는 것이다.

이것이 '대비 효과'라고 불리는 것으로, 심리학적으로 충분한 근거가 있는 방법이다. 예를 들면 에베레스트 등정을 계획하고 있는 사람은 처음으로 오르는 다른 산은 쉽게 보일 것이다. 아마 이와 같은 일은 누구나 한 번은 무의식중에 체험하고 있을 것이다. 이런 심리적 효과를 의식적으로 활용하면 눈앞의 계획도 초라하게 보일 것임에 틀림없다. 그리고 지금이 10년 후의 큰 목적을 위한 수단이라고 생각하면 된다. 지금 공부나 일에 부담을 느끼고 있어 의욕을 잃고 있다면 계획을 세우도록 권하고 싶다. 계획이 크면 클수록 눈앞의 일이 작게 보일 것이다. 스케일이 큰 꿈을 꾸어 본다. 불가능한 것을 구체적인 문제로 하는 것만으로도 기분은 훨씬 맑아질 것이다.

최근에는 인생의 새로운 목표를 계획하는 사람이 적은 것 같은데, 나는 이런 점 때문에 현대인이 현재의 자기에 대한 자신감을 잃고 언제나 무기력해지고 있는 원인이 되지 않을까 하며 걱정하고 있다.

65

막대한 양의 일도
'심리적 분할 계산'으로 세분화하면
짐으로 여겨지지 않는다

300매 원고를 1개월 내에 써야 한다고 생각하면 상당히 엄청나게 여겨지지만, '하루에 겨우 10장이 아닌가.'라고 생각하면 짐으로 느껴지지 않아 마음이 편해지는 것이다. 나는 원고의 의뢰를 받았을 때는 언제나 이 방법을 활용하고 있는데, 이와 마찬가지로 막대한 양의 일을 세분화하는 것으로 오히려 일에 편하게 임하게 되는 예는 우리들 일상생활 중에 얼마든지 있다.

즉, 일의 양을 세분화하는 것으로 일에 대한 중압감(重壓感)이 작아져 버리는 '심리적 분할 계산'을 행하는 것이다.

이 '심리적 분할 계산'을 의식적으로 사용하면 힘든 일이나 괴로운 공부도 수월해지고 능률도 오른다. 예를 들면 영어 단어를 1년에 5,000개 암기하려면 대단한 것 같지만 '1개월에 400단어', '하루에 10

단어'라고 하루 1시간을 영어 단어 암기에 투자하는 시간으로 나누어 '5분에 겨우 1단어'라고 세분화 하면 마음에 여유가 생긴다. 그리고 '5분에 1단어라면 쉽지 않은가'라는 자신이 생겨 어려운 단어도 쉽게 머리에 들어오게 될 것임에 틀림없다.

66

'표어'를 오른쪽
어깨 높이로 크게 쓰면
'의욕'이 생긴다

수험생 방이나 회사의 판매부 등을 보면 대부분 '필승! 입시' '월간 매상고 100억 원 돌파' 등의 표어가 벽 구석에 붙어 있다. 목표를 걸어 두고 이것을 매일 보는 것은 의욕을 낳는 자기 암시술로서 상당히 효과가 있는 방법인데, 이왕 쓰려면 굵은 글씨로 크게 써야 한다. 작은 종이에 쓴 표어를 붙이는 것은 반대의 자기 암시가 작용하여 의욕을 일으키기는커녕 의욕을 침체시킨다.

서예가 자주 말하듯이 글에 쓰는 사람의 성격이나 심리 상태가 나타난다는 것은 분명하다.

'글자는 몸을 나타낸다.'라는 것으로, 적극적인 성격의 사람이나 자신이 있는 사람은 대부분 큰 글씨를 쓴다. 그러나 글은 몸을 나타낼 뿐만 아니라 몸을 만드는 것이다. 바꾸어 말하자면 글이 갖는 도형적(

圖形的)인 인상이 그대로 사람의 마음에 미묘한 영향을 준다는 것이다. 성공한 사람이나 우수한 사람이 쓴 글을 액자에 넣어 장식하는 것도 그 사람 자신이 보는 사람에게 전염되는 효과가 있기 때문이다. 그런 의미에서도 합격할 것인지 이쩔지, 100억 원을 돌파할 것인지 어쩔지가 불안할 때 쓴 표어는 아무래도 글자로 나타난다. 그것을 매일 본다는 것은 불안이 한층 더 심해지는 것이다.

공을 구하지 말고 못함을 덮어라. 타인에게 수치를 당하지 말라.

– 가인 正岡子規

67 ——

싫은 일은 주초보다
주말에 하는 편이
효과가 있다

등산에서 정상이 보이기 시작하면 그때까지 힘들어 하던 사람이 갑자기 기운을 회복하는 경험은 누구나 갖고 있을 것이다. 크레페린 테스트 등으로도 이와 같은 현상을 볼 수 있으며 대부분은 작업이 끝남에 따라 능률이 올라간다.

이제 곧 작업이 끝났다는 심리적 안정감이 작업 능률에 좋은 영향을 주는 것이므로 이것을 심리학에서는 '종말 효과'라고 부르고 있는데, 나는 이 말에는 또 한 가지 의미가 포함되어 있다고 생각한다. 말하자면 '주말효과'라는 이름을 붙일 수 있는 것으로, 주일 중 대부분 토요일과 일요일을 앞두고 있는 금요일에 일단 떨어졌던 작업 능률이 다시 향상되는 것을 볼 수 있다.

속칭 '월요병' 등 이라고 일컬어지듯이 주초(週初)의 탈력감과 '이

번 일주일도 일을 하지 않으면……'이라는 심리적 중압감이 겹쳐 월 요일에는 작업 능률이 오르지 않는 것이 보통이다. 화요일에는 이런 기력이 충실해지지만 수, 목요일로 날이 지남에 따라 점차로 작업 능 률이 내려간다. 그러다 금요일이 되면 "이번 주도 끝이다. 자, 쉰다." 라는 '주말효과'가 작용하여 능률이 향상된다. 이것이 내가 말하는 ' 주말효과'로서 이것을 잘 이용하자는 것이다.

즉, 일주일간을 능률적으로 사용하기 위해서는 잘 하는 일은 주초 에서 주 중반에 걸쳐 처리하고, 힘든 일, 싫은 일은 되도록 주말에 하 도록 스케줄을 잡는 것이다. 나도 가능한 이렇게 스케줄을 잡도록 하 고 있는데, 보상효과가 작용하기 때문에 마음이 내키지 않는 일이라 도 의욕적으로 임할 수 있어 일이 스무스 하게 진행되는 경우가 많다. 또 주말에 싫은 일, 어려운 일을 하게 되면 비록 일이 잘 진행되지 않 아도 내일 쉬어도 된다는 안심감으로 침착하게 다시 임할 수 있는 여 유를 찾게 된다는 이점이 있다. 능률을 해치는 원흉의 하나는 '초조함' 이므로 그런 의미에서도 '주말효과'를 잘 이용해야 할 것이다.

즐겁다고 생각하는 것이 즐거움의 기반이다.

– 정치가 松平定信

힘든 일을 할 때는
자신의 컨디션이
가장 좋은 시간대에 한다

사람에게는 누구나 자신의 컨디션이 좋은 '시간대'가 있다. 이른 아침부터 오전 중에 걸쳐 컨디션이 올라가는 아침형 타입, 오후가 되지 않으면 일할 의욕이 나지 않는 야간형 타입, 또한 사람이 다 잠든 밤에 깨어 책상 앞에 앉는 심야형 타입 등 여러 가지인데, 일반적으로는 오전 중이 상태가 비교적 좋고, 오후 2시 무렵이 최저인 아침형 타입이 많다.

나는 아침형 타입인데, 자신의 컨디션이 좋은 시간대를 알아두면 일의 능률을 올리는 데 있어서 상당히 편리하다. 예를 들면 마음이 내키지 않는 일을 의뢰 받았을 때는 전날 일찍 깨어 수면을 충분히 취하고 새벽 무렵에 일어나서 일에 임하면 의외로 스무스 하게 일을 할 수 있다. 일이나 공부는 주간에 하고, 밤에는 일찍 자는 스케줄은 능률을 올려 주고, 시간의 낭비도 막아준다.

물론 육체적, 정신적 컨디션에 따라서는 아침형 타입이 야간형 타입이 되기도 하는데, 자신의 컨디션이 가장 좋은 시간대를 알아 두고 그때 힘든 일을 하면 힘든 일도 좀 쉬워진다.

'선반에 올려놓기' 기술을 터득하면 끙끙 고민하며 앓지 않아도 된다

자주 끙끙 거리며 고민하기만 하고 선뜻 행동을 하지 못하는 사람이 있다. 어째서 행동을 하지 않느냐고 물으면 여러 가지를 생각하고 있기 때문이라고 한다.

그러나 이런 경우에는 '생각하고 있기 때문에 불가능'한 것이 아니라 '불가능하기 때문에 생각한다.' 즉, 불가능하다는 것을 정당화하기 위해 생각하고 있는 경우가 많은 것이다.

이 일에서 생각하면 '가능'하기 위해서는 '생각하지 않는'것이 좋은 것이 된다. 물론 '생각하지 않는다.'고 해도 전혀 아무런 생각도 하지 않아서는 올바른 행동을 취할 수가 없다. 여기에서는 모든 문제는 생각하는 것이 당연하므로 문제를 어느 정도 '선반에 올려놓는'가 하는 것이 고민하지 않기 위한 한 가지 양책(良策)임을 말하고 싶은 것이다.

인간에게는 행동형과 숙고형 2가지 타입이 있고, 행동형은 반응은 빠르지만 실수가 많고, 숙고형은 반응은 느리지만 실수가 적다. 어느 쪽이든 일장일단(一長一短)이 있는데, '선반에 올려놓는 것'에 의해 양자의 균형을 잡을 수 있는 것이다. 일의 중대함에 따라서 이야기가 달라지지만, 일정 시간 생각으로 생각하는 것을 스톱하고 행동으로 옮겨야 한다. '선반에 올려놓은 것'이란 그 문제를 잊어버리는 것이 아니므로 아무리 숙고형인 사람이라도 안심하고 행동으로 옮길 수 있을 것이다.

나는 지금도 수업하고 있다.

– 이탈리아 화가, 조각가 미켈란젤로

70 ———

철저하게 거기에서
떠나보면 하고 싶지 않던
일도 하고 싶게 된다

옛날 내가 보았던 TV드라마에 상당한 걸작이 있었다. 그것은 어느 회사의 이야기로 그 회사에는 특별실이라는 것이 있어서 바둑에서부터 장기, 트럼프 등 모든 놀이 도구가 갖추어져 있었다. 그리고 이 방의 근무란 하루 종일 좋아하는 놀이를 하며 노는 것이다. 그런데 이 방에서도 한 가지 해서는 안 될 것이 있는데, 그것은 '일'이었다. 무슨 짓을 해도 좋지만 일 만은 비록 1초라도 해서는 안 되는 것이다. 이 방의 근무 명령을 받은 사람은 처음에는 그런 근무라면 언제나 좋을 것 같았지만 차차 일이 하고 싶어 견딜 수 없게 되었던 것이다.

인간에게는 누구에게나 자아실현의 욕구라는 것이 있어서 자신을 스스로를 위해, 사회를 위해 도움이 되도록 쓰고 싶은 기본적 욕구가 있다. 이 드라마는 인간의 그러한 욕구를 일시적으로 완전하게 끊는 것에 의해 보다 강하게 그 욕구를 인식하여 의욕을 일으키도록 한다는 예리함을 간파하고 있다는 점에서 나는 큰 감명을 받았던 것이다.

만일 당신이 그 무엇인가에 싫은 느낌이 들고 의욕을 잃고 있다면 이들의 예에서 볼 수 있듯이 철저하게 거기에서 멀어져 보면 어떨까.

참고서나 노트, 수첩, 그리고 돈도 잊고 며칠인가 놀아 보면 오히려 자신의 마음속에 그에 대한 반대의 의욕이 일어난다는 것을 느끼게 될 것이다.

나의 목적은 성공이 아니라 실패에 굴하지 않고 전진하는 것이다.
- 영국의 발명가 스티븐슨

71

일이나 공부로 지쳐있을 때는
일이나 공부를 통해
해소하는 것이 제일 좋다

당신은 일이나 공부를 놀이나 레크리에이션의 '반대어'라고 생각하여 피로해지는 대표적인 원인이라고 생각하고 있지는 않은가. 일이나 공부로 피로하면 놀이나 레크리에이션으로 그것을 풀어야 한다고 생각하여 레저를 즐기다가 오히려 정말 지쳐서 돌아오는 일은 없는가.

실은 적당한 일을 하거나 공부하는 것은 인간을 피로하게 하기는 커녕 오히려 머리나 몸을 재충전 시키고 사람을 생생하게 만드는 작용을 가진다는 것은 이미 심리학상의 상식으로 되어 있다. 예를 들면 미국의 어떤 학자는 "지쳤다."라고 불평을 하는 사람의 대부분은 정말로 피로한 것이 아니며, 쉬면서 병적인 긴장에서 구제되는 것 보다는 일을 통해 병적인 긴장을 해소할 필요가 있다고 말하고 있다.

심리 요법 중에 작업 요법이라는 것이 있는데, 이것도 정원의 잡초

뽑기나 청소, 농사일 등을 통해 이상한 정신적 긴장을 풀어 자신을 되돌리는데 주안점이 놓여 있다. 분명히 같은 종류의 일이나 공부를 진척도 없이 오래 계속해서는 아무런 의미가 없지만, 아무튼 작업의 피로는 다른 작업을 하는 것으로 해소하는 것이 가장 생산적이며 이치에 맞는 방법이다.

태도에 의한 자기 암시술

part **5**

마음가짐이
활력을 기른다

사람은 명예를 얻기 위해 고통을 받아들이지 않으면
안 된다.

- 유다왕 솔로몬

72

사람은 지위에 의해 그것다워지는
것이 아니라 그것 다움으로써
그 지위에 가까워지는 것이다

올림픽 3단 높이뛰기에서 세계 신기록을 세워 우승한 한 선수는「나를 지탱해 준 한 마디」라는 책 속에 이런 에피소드를 말하고 있다. 그는 올림픽에 앞서 국내경기 때 출장을 단념할 정도의 자신상실(自信喪失)에 빠져 버렸다. 그래서 지도를 받고 있던 사람에게 이 일을 상의하자, "세계의 왕좌를 노리려면 천상천하유아독존(天上天下唯我獨尊)이라는 기대를 가져라. 위축은 금물이다. 시합장에 임하면 여유 있게 왕처럼 행동하라."라고 격려했고, 이 일 덕분에 자신을 되찾을 수 있었다고 한다.

또한 정력적인 활력으로 유명한 한 평론가는 일찍이 젊은이들과 친하게 지내며 젊은 사람 같은 행동을 하면서 싱싱한 활력을 유지하고 있었다고 한다.

자주 사람들은 성공자를 보고 "과연 성공자다운 행동을 한다."라고 하는데, 실은 이들 예로 알 수 있듯이 그와 같은 행동에 의해 그 지위나 능력을 획득하게 되는 일면도 있는 것이다. 이 장에서는 이런 인간의 행동이나 일상 생활상의 태도가 그 사람의 마음에 얼마나 큰 암시 효과를 발휘하는가를 이야기해 보겠다.

73 ———

실패할 듯한 때는
좋은 결과를 시각화(視覺化)하면
자신이 생긴다

불교에서는 현세의 불행을 잊고 살아갈 의욕을 북돋우기 위해 내세에 '극락정토(極樂淨土)'라는 연꽃이 피는 아름다운 장소를 설정했다. 이 사상이 오랫동안 서민들의 가슴속에 살아온 것은 종교의 힘과 동시에 미래를 구체적으로 시각화(視覺化)한 강렬한 이미지의 힘에 의한 면도 많은 것 같다.

즉, 즐거운 미래를 '시각화'하는 것은 우리들의 마음을 흥분시키는 역할을 한다. 예를 들면 실패할 듯한 느낌이 들어 불안할 때나 기분이 우울하여 앞으로 진행할 수 없을 때, 미래의 상태에 대해 특히 즐겁고 좋은 결과를 마음속에 그려 본다. 그리고 눈앞에 보는 듯이 자세하게 그 정경을 시각화해 보는 것이다.

그러면 목표는 보다 구체적으로 실현 가능한 형(型)이 되고 어서 빨리 거기에 이르고 싶다는 의욕이 생기며 그것이 실패의 불안을 제거해 준다. 즉, 성공을 체험한 심리 상태가 되어 '실체험(實體驗)'에 자신을 가지고 가게 되는 것이다. 예를 들면 입학시험 전이라면 합격 발표에서 자신의 이름을 발견한 순간, 축하의 전화가 걸려오는 광경, 주위 사람들이 기뻐하는 표정 등을 그려 보면 공부에 대한 의욕도 한층 높아지는 것이다.

괴롭고 힘들 때는 자신 보다 더 불행한 사람이 있음을 생각한다.
- 프랑스의 화가 고갱

74 ——

실패를 실패로 끝나지 않게
하기 위해서는
'과잉정정(過剩訂正)'을 하면 좋다

인간은 누구나가 실패하면, 실패하면 당연히 정신에 동요를 가져올 것이다. 만일 이 동요가 크면 떠올리기도 싫은 상태가 되는 경향이 있는데, 실패한 사람이 단순히 거기에서 눈을 돌리고 잊으려고 하면 실패는 단순한 실패로 끝나 버릴 것이다. 그렇게 되지 않기 위해서는 우선 실패를 직시하고 분석하며, 실패한 부분을 정정해 둘 필요가 있다. 그렇다고 해서 결코 정신 훈화(訓話)를 하려는 것은 아니다. 다만 이것은 실패를 반복하지 않기 위한 테크닉의 하나인 것이다.

예를 들면 프로야구에서 투수가 자주 벤치 맨 앞에 앉아 시합 정리를 관전하는 것을 볼 수 있는 것도 그 정정 찬스를 주는 것이라 해도 좋다. 나도 대학 기말 시험이 끝난 직후 아직 학생들의 머리에 시험 문제의 기억이 남아 있을 때, 그 문제의 정해(正解)를 발표하는 일이 자주 있다. 이것도 실패한 사람에게 자신의 실패를 직시하고 곧 그 자리에서 머리를 정정하도록 하기 위해서이다.

실패는 물론 이 정도로도 장래의 밑거름이 되고 자신 배양에 도움이 되지만, 행동 수정의 이론 중에 있는 '과잉정정(오버 코렉션)'이라는 사고방식을 받아들이면 실패에서 보다 많은 것을 획득할 수 있게 된다.

예를 들면 게임에 진 투수라면 많은 실수를 정정하면서 시합에서 그때까지 던진 투구수 보다 많은 투구 연습을 행한다거나 시험의 답이 틀렸다면 머릿속으로 그 실수를 정정할 뿐만 아니라 다른 유사한 문제를 해보아 정정 이상의 것을 자신에게 명하는 것이다.

이렇게 하면 실패 덕분에 자신을 더욱 높일 수 있는 기회를 얻게 되고, 실패 때마다 자신을 그렇게 하도록 만들면 그야말로 실패를 '성공의 어머니'로 만들 수가 있는 것이다.

눈물 젖은 빵을 먹어 본 사람이 아니고서는 인생의 맛을 알 수 없다.
– 독일의 시인, 작가 괴테

한 가지 일에 끝까지
파고들면 다른 일에서도
맹렬한 의욕이 생긴다

한 가지 일에 끝까지 파고들려고 해도 다른 해야 할 많은 일이 있어서 항상 이것저것 고민하는 것이 인간이다.

고등학교 시절에 수험공부 준비에 시달리면서 클럽활동도 그만 둘 수 없어서 고민한 경험은 누구에게나 있을 것이다.

이럴 때, 사람은 자칫 대상 사이에서 흔들흔들 왔다 갔다 하며 에너지를 돌릴 대상을 정하지 못하고 시간을 보내는 경향이 있다. 이것에 관해 떠오르는 것은 작가 H씨의 이야기이다. 그는 언제나 '일을 할 것이냐 술을 마실 것이냐'로 왔다 갔다 하다가 결국은 생각을 정하고 술만 마신다고 한다. 그러면 숙취의 머릿속에 '후회호르몬'이라고 할 수 있는 활력제가 샘솟듯이 일어 '이래서는 안 된다.'라고 맹렬한 일에 대한 의욕이 난다는 것이다. 이 현상은 그의 장점은 아니며, 예를 들면 클럽과 공부, 양쪽 문제에 있어서도 열심히 클럽 활동을 하는 학생이 의외로 성적이 좋은 것으로 나타난다.

인간은 한 가지 일에 파고듦으로써 위기의 입장에 처하기도 하는데, 이때 쫓기는 심리야말로 인간이 다음 행동으로 달릴 수 있는 기폭제(走爆劑)가 되는 것이다. 이것저것으로 헤매지 말고 그때 이것을 시험해 보면 좋을 것이다.

76 ——
자신의 결점에 신경을 쓰다가
자신을 잃을 때는 될 대로 되라라고
다시 생각해 본다.

갬블에 거의 미쳐 있다고 일컬어지던 남자가 어느 날 갑자기 갬블을 하지 않게 되었다는 흥미 깊은 이야기가 있다. 이 남자는 그 때까지 몇 번이나 그만 두려고 했지만 노력하면 할수록 갬블에 빠지고 있었다. 그런데 이때 자기 자신이 가여워져 은행에 예금했던 돈 전부를 찾아 "이제 나는 갬블에서 손을 씻을 수 없다."라며 눈앞에 돈다발을 든 순간, 이상하게도 갑자기 갬블을 할 생각이 사라졌다는 것이다.

인간의 마음에는 하고 싶은 것을 억지로 억제하면 심리적인 에너지가 작용하여 더욱더 그 욕구가 강해지는 메커니즘이 있다. 그럴 때는 일시적으로 억제를 제거하면 욕구가 해소되고, 폭발에 이르지 않고 끝날 것이다. 이 예에서도 '될 대로 되라.'라고 생각한 순간, 심리적에너지가 해방되어 오랫동안의 나쁜 버릇을 고칠 수 있었던 것이다.

이와 같이 자신의 결점이나 버릇이 걱정이 되어 초조할 때는 오히려 억제하지 말고 일단 포기했다고 생각해 보는 것도 한 가지 수단이다. 이것은 자신을 버림으로써 자신을 살리는 교묘한 심리 기법이라고 할 수 있을 것이다.

성공의 비결은 목적으로의 접근이다.

‑ 영국의 정치가 디즈테일러

77 ——
헷갈릴 때는
최초의 직감을
떠올려 본다

진로의 결정이나 작업상의 결단을 내려야할 때, 처음에는 어느 정도 결론을 갖고 있었는데 시간이 지남에 따라 자신이 없어질 때가 있다. 헤매다가 마침내 시간에 쫓겨 애석함을 남긴 채 대강 결론을 내리는 경우도 있다.

이래서는 객관적으로 보아도 결국은 정확함에 의문이 생기고, 그 이상의 결론을 낸 본인에게 전혀 자신이 없다는 문제가 남는다. 결과에 따라 그 후의 행동을 밀고 나가야 하는 에너지가 나오지 않기 때문이다.

그러므로 결론이 잘 나지 않을 때는 최초의 직감에 따르면 우선 큰 실수는 하지 않는다. '직감은 예리하다.', '초심', '첫 인상'이라는 말이 있듯이 인간의 감각에는 이론적 사고만으로는 설명할 수 없는 제 6감적인 요소가 있음을 부정할 수 없다. 왔다 갔다 하는 머리로 생각한 자신 없는 결론 보다는 '제1인상이 바르다.'라고 믿고 내리는 직감적(直感的) 결론 쪽이 얼마나 그 후의 행동에 활력을 주는지 모른다. 그 결론이 옳았는지 어쩐지는 그 뒤의 행동 여하에 따라 결정되는 부분이 상당히 많으므로 처음부터 바른 결론 따위가 있는 것은 아니다. 이런 자기 암시야말로 바른 결론을 이끄는 것이다.

예를 들면 시험 문제를 풀 때, 처음에는 이것이 정답이라고 생각했는데 여러 가지 생각하는 동안에 다른 것이 맞는 것 같은 생각이 들 때가 있다. 그리고 마침내는 혼란스러워져서 어느 것이 정답인지 알 수 없게 되는 경우도 있다. 이럴 때도 대부분은 처음의 대답이 정확할 경우가 의외로 많다.

이 예처럼 혼란스러운 상황에서는 특히 냉정하고 논리적인 사고가 행해지기 어렵다. 이런 때야말로 직감의 효용을 무시할 수 없는 것이다. 이 직감의 정확함은 그때까지 우리들의 생활 체험의 축적이 그 상황에서의 대응 방법을 우리에게 본능적으로 알려 주고 있는 것이라고도 할 수 있을 것이다.

자조(自嘲)는 강자의 것이다. 자기 연민은 약자의 것이다.

– 작가 阿部次郎

78 ——
다른 관점에서
평가의 기준을 생각하면
나쁜 평가를 견딜 수 없다

최근 중학생의 자살이 증가하고 있다고 한다. 대부분은 성적 저하나 시험 실패를 고민하다가 그런 일을 저지른다고 하는데 이것은 '성적'이라는 일면의 평가를 자신에 대한 평가라고 착각해 버린 슬픈 결과라고 할 수 있지 않을까. 분명히 성적 중시, 학력 편중의 현대에서 성적에 신경을 쓰지 말라는 것도 무리한 이야기인데, 이럴 때도 성적에 의한 평가뿐만 아니라 다른 평가의 기준이 있다는 것을 생각하면 이런 비극에 빠지는 것은 피할 수 있을 것이다.

예를 들면 중국에서는 '성적'에 의한 평가는 일체 없고 상급 학교로 진학하는 것은 중간 추천에 의한 '전인적(全人的) 평가법'이라는 방법으로 채용하고 있다고 한다. 이것은 그야말로 인간 평가의 색다른 기준이며 방법이라고 할 수 있을 것이다. 이 방법이 철저하게 이루어진다면 열등감으로 고민하는 사람은 없어질 것이다. 이와 같이 단 한 가지의 관점으로 평가 기준이 힘을 발휘하면 그것은 절대적인 것이 아니라는 것을 알고, 자신 스스로 다른 관점을 갖고 그 평가를 검토하면 스스로를 열등감이나 불안의 어둠 속에서 구해낼 수 있을 것이다.

79 ——
나쁜 버릇이나 실패의 반복에서
벗어나고 싶을 때는 그 버릇이나
실패를 의식적으로 반복해 본다

골프에서 한 번 OB를 낸 적이 있는 홀에 가면 누구나가 또 실패하지 않을까 하는 불안을 느낀다. 걱정하면서 치다 보면 생각대로 또 OB를 내버린다. 이런 것은 골프뿐만이 아니라 우리들 일상생활에서도 얼마든지 있는데 나쁜 버릇이나 실패는 의식하면 할수록 반복되는 경우가 많다. 특히 일이 중대하면 중대할수록 그 경향은 강해진다. 이 말은 실패에 의해 자신을 잃고 자신을 잃어서 또 다시 실패를 거듭하는 마이너스의 자기 암시가 긴장한 마음에 강하게 작용하는 것이다.

이 마이너스의 자기 암시에서 벗어날 수 있는 방법의 하나로 그 버릇이나 실패를 의식적으로 반복해 본다는 방법이 있다. 이것은 '부의 강화'라고 불리는 일종의 역료법(逆療法)인데 실수를 철저하게 의식화하는 것으로써 '쉽게 실수하지 않는' 상태를 만드는 것이다. 예를 들면 타이프라이터로 문자를 칠 때, the라는 관사를 hte라고 잘못 치는 버릇이 있는 사람이 이제 틀리지 않겠다고 마음먹으면서 일부러 틀린 자를 연습했더니 그 이후에는 틀리지 않았다는 예는 여기에 해당한다.

심한 버릇이나 실패에서 좀처럼 벗어나기 힘들 때는 한번 이 요법을 시험해 보면 좋을 것이다.

고생은 편함의 씨앗, 편함은 고생의 씨앗임을 알라.

- 정치가 德川光圀

80 ——
고민이 있을 때는
보다 큰 세계와
자신을 비교해 본다

'인간 50년, 외전(外典)의 내용에 비하면 꿈과 같아'라는 말이 있다.

외전이란 불교 경전 이외의 서적이라는 의미인데, 여기에서는 그런 서적에 쓰인 내용, 즉 유구한 자연이나 역사 등을 생각하면 좋을 것이다. 인간의 일생이라는 것은 유구한 자연이나 오래된 역사에 비하면 꿈이나 환상과 같다는 의미일 것이다.

여러 가지 고민에 휩싸여 정신의 자유를 잃은 듯한 때, 이런 생각 속에 자신을 놓아두는 습관을 갖는다는 것은 상당히 유효한 자기 암시가 된다. 즉, 평소 자신을 두고 있는 세계, 대비하고 있는 상대를 완전히 바꾸어 광대한 시공간(視空間) 앞에서 자신을 보는 것에 의해 자신의 고민이나 불안을 대비적으로 외소화해 버린다는 뜻이다.

뉴턴은 "내 일 따위는 대우주의 존재를 생각해 보면 광활한 사막의 모래 한 알도 되지 않는다."라고 했는데, 분명히 우주의 역사를 생각해 보면 그 중에서 인류의 역사는 순간 정도 밖에 되지 않을 것이다. 그리고 인류의 역사 중에서 개인의 일생은 2시간의 영화 중에서 한순간의 프래쉬에도 미치지 못할 것이다. 이와 같이 지구의 생성, 생물의 출현 등에 생각을 돌리면 작게 보이고, 그 자신 속에 고민이 있다는 것을 생각하면 정말이지 별것이 아니라는 것이 된다. 그 뿐만 아니라 문제를 큰 국면 속에서 냉정하게 파악할 수도 있게 될 것이다.

희망은 사람을 성공으로 이끄는 신앙이다. 희망이 없으면 그 어떤 일도 성취할 수 없다.

― 미국의 사회사업가 헬렌켈러

81

어떤 일이든 특기를
한 가지 만들면
다른 것도 할 수 있게 된다

한 중학교에 공부를 못한다는 열등감에 자포자기 하여 비행(非行)에 빠진 아이가 있었다. 부모나 선생님이 아무리 설득해도 효과가 없었는데, 어느 날 그 아이가 씨름을 좋아한다는 것을 발견한 선생님이 본격적으로 지도를 하여 반 전원과 시합을 시켜 보았다. 그러자 어느 누구도 그를 이기지 못한다. 그 무렵부터 그 아이는 새로운 모습을 보이기 시작했다. 공부도 열심히 하여 결국에는 좋은 성적으로 졸업할 수 있게 되었다. 언뜻 보면 공부와 전혀 관계가 없어 보이는 씨름에 대한 자신감이 공부를 비롯한 다른 면까지 향상시켰던 것이다.

이와 같이 인간은 어떤 것이든 한 가지 특기를 만들면 그 자신감이 모든 면에 작용하여 다른 것까지 잘 하게 된다. 어떤 특정한 일에 대한 자신감이든지 그것이 자기의 존재 자체를 믿는 것으로 연결되기 때문이다. 게다가 '잘한다, 못한다.'라는 평가 기준은 결코 절대적인 것이 아니다. 그러므로 자신 있는 '특기'가 없다면 어떻게 해서든지 한 가지의 특기를 갖도록 한다. 한 가지의 자신(自信)은 무한대의 자신으로 직결되는 것이다.

82

모든 도피처를 스스로
끊어버리는 것도
의욕을 불태우는데 도움이 된다

옛날 어느 군대가 자군(自軍)의 열세를 알리어 변화하려고 배로 적 앞에 상륙했을 때의 일이다. 만에 하나 성공할 가능성 이외엔 아무 것도 남아 있지 않는 이 작전에 그 군의 지휘관은 타고 있던 모든 배를 불태웠다. "배가 불에 타 버린 바에 우리들이 살아날 길은 적과 싸워 이기는 것뿐이다."라는 지휘관의 말에 병사들은 용맹하게 적을 맞이해 훌륭한 승리를 얻어 냈다고 한다. 그야말로 '배수(背水)의 진(陳)'이란 작전인데, 우리들의 일상생활에 있어서도 의식적으로 스스로의 퇴로(退路)를 끊고 앞으로만 진격하는 방책이 불리한 상황을 역전시키고 성공을 거두게 하는 경우가 적지 않다.

일반적으로 인간은 불리한 상황에 놓여 불안해지면 몇 가지 퇴로를 미리 생각하는 것이 보통이다. 회사에서 목이 잘리면 곧 다른 일을 찾아야겠다고 생각하거나, 상급 학교에 들어가지 못하면 그래도 살 길은 얼마든지 있다고 생각한다. 이런 것 때문에 심리적인 균형을 잡을 수가 있는 것이지만, 이런 안전 주의가 오히려 안이한 의식을 만들어 결과적으론 실패로 끝나게 만드는 일도 적지 않다. 위기에 처했을 때는 모든 퇴로를 스스로 끊는 것이 최선의 탈출구가 되는 것이다.

무릇 이 세상에 장해가 없는 일이란 없다. 장해가 크면 클수록 그 일도 크다.

– 영국의 정치가 맥도날드

83 ——

매일 계속하는 일을
한 가지라도 갖고 있으면
어떤 일에서나 지속력이 생긴다

일이든지 공부든지 그 무엇인가 한 가지 일에 파고들려고 해도 아무래도 오래 계속하지 못해 '역시 안 되나?'라고 실망감을 강하게 느끼는 경우가 자주 있다. 나는 이런 경우의 상담을 받으면 반드시 "당신의 매일 매일의 생활 중에 그 무엇인가 한 가지 매일 계속하는 것이 없는가?"라고 묻고 있다. 아무리 사소한 일이라도 본인이 특별히 매일 계속하고 있다는 의식은 하지 않더라도 어떤 것이든지 한 가지 정도는 기억이 나는 것이다.

생각해 보면 인간이라는 것은 의외로 매일 많은 일을 계속하고 있는 것이다. 아침에만 생각해 보아도 매일 같은 방법으로 세수를 하고, 식사를 하고, 신문을 읽고, 머리를 빗고 있다. 또 아무리 질력을 잘 내는 사람이라도 인간이라는 것, 남자, 여자라는 것 가족의 일원이라는 일 등은 몇 십 년이나 계속하는 것이다.

상담하러 오는 사람 중에는 이런 이야기를 하기만 해도 뭔가 감을 잡는 사람이 많다. 질력을 잘 낸다거나 무슨 일을 오래 계속 하지 못한다고 해도 모든 면에서 다 그런 것은 아니고 현재 이렇듯 오랫동안 안 하고 있는 것이 많다는 사실을 아는 것만으로도 자신 회복에 효과가 있다. 그런 다음, 아무리 간단한 것이라도 좋으니까 의식적으로 계속하는 일을 만들어 본다. '일기를 쓴다거나, 아침에 이불 속에서 체조를 한다거나 하는 생활 습관상의 것이라도 좋고, 또 영어 격언을 하나씩 암송한다, 백과사전을 한 항목 읽는다.'라는 일 등 공부에 가까운 것이라도 좋다. 이때 가능하면 일정한 시간을 정해 놓고 그 시간 내에 반드시 그 일을 하도록 노력해 본다. 그러면 그러는 동안에 자연스럽게 생활상의 리듬이 생겨 오히려 '하지 않으면 이상한 기분이 들고 내일은 어쨌든 오늘만은 한다.'라고 생각하고 하루하루 해나가는 것이다.

이렇게 해 나가면 그 행위 중에서 자기 암시가 그 사람의 질력이나 지속력이 없는 점을 몰아내 버리는 것이다.

실망에서는 아무것도 생기지 않는다.

- 영국의 시인 테니슨

84 ——
자신에게 보수를 주면서
행하면 내키지 않는
일도 집중할 수 있다

어린이에게 내키지 않아 하는 일을 시킬 때, 어머니가 자주 사용하는 것이 "지금부터 1시간 동안 공부하면 놀러 데리고 가겠다."라거나 "치과에 가면 장난감을 사주겠다."라는 보수작전이다. 나중에 즐거운 일이 기다리고 있다는 기대감이 어린이의 마음을 변화시켜 공부를 하거나 치과에 가도록 만드는데, 이것은 기업 등에서도 동기(動機) 부여의 수단으로 자주 쓰고 있다. 샐러리맨의 경우는 "과장이 되게 해준다.", "월급을 올려준다."라는 보수가 있다.

분명히 인간은 누구나 목표가 마이너스일 때는 의욕도 나지 않고 일도 스무스 하게 되지 않는다. 그런데 그 목표의 배후에 플러스 요인이 있으면 마이너스를 뚫는 에너지가 샘솟아 나는 경우가 있다. 심리학에서는 이것을 '보수효과(報酬効果)'라고 부르고 있는데 마음이 내키지 않는 일을 할 때는 자신이 스스로에게 보수를 주면 싫은 일도 집중해서 할 수 있게 되는 것이다. 예를 들면 회사에 가기가 싫으면 회사에서 돌아가는 길에 마음에 드는 여성이 있는 바에서 한 잔 하는 보수를 주면 회사에 니가는 것도 그다지 싫지는 않게 될 것이다.

85 ──

항상 자신의 '적'을
만들어 두면
의욕을 잃지 않는다

"인생은 경쟁이다."라고 하는데 경쟁에도 2가지 종류가 있다. 한 가지는 복싱형이라고 해서 상대를 쓰러뜨림으로써 승리가 되는 것이고, 한 가지는 마라톤형이라고 해서 마라톤이나 멀리뛰기, 높이뛰기처럼 자신이 만들어낸 베스트를 상대적으로 비교하여 승부를 정하는 것이다.

복싱형에서는 눈앞의 적을 쓰러뜨리지 않으면 안 되므로 목표가 분명하여 실력을 나타내기 쉽다. 때로는 상당한 백중전이 되어 양자 모두 평소 갖고 있던 힘 이상의 것을 나타내며, 격돌하는 경우도 많다. 이에 비해 마라톤형은 자기 자신과의 고독한 싸움이며, 자칫 적을 잊어 실력을 발휘하기 어렵다. 그러므로 마라톤형의 경기에서는 의식적으로 적을 만드는 연구도 필요하다. 자신의 머릿속에 구체적인 적을 상정(想定)하고 그 적에게 조준(照準)을 하는 것이다.

우리들의 일이나 공부도 대부분의 경우, 이 마라톤형 경쟁과 같다. 그러므로 머릿속으로 누군가를 적으로 상정하고 그 적을 쓰러뜨리는 일에 전력을 기울인다. 그러면 '저 녀석에게 질 수는 없다.'라는 생각이 생긴다. 의욕이 없다는 것은 남의 이야기가 되는 것이다. 특히 집에서 자주 생활을 하고 있는 수험생, 고독한 작업을 강요당하는 사람들에게는 이 방법이 유효하다.

자신은 성공의 최고 비결이다.

– 미국의 사상가 에머슨

86

'아차'라고 여겨질 때
한 순간만이라도 전혀 다른 일을
생각하면 안정이 된다

나는 자동차 운전을 시작한지 이미 20년 이상이 되었지만, 배우기 시작할 때 선배가 가르쳐준 말은 지금도 훌륭한 지혜라고 생각하며 감사하고 있다. 그것은 "자동차로 사고가 났을 때 반드시 차 주위를 한 바퀴 돌아라."라는 것이다. 예를 들면 도랑에 차바퀴가 빠졌을 때 대부분의 사람은 당황하여 제대로 되돌리려고 한다.

그러는 가운데 이번에는 뒷담에 차를 박는 등 다음의 사고를 일으켜 버리는 경향이 있다. 그러나 그렇게 하기 전에 우선 차 주위를 한 바퀴 돌면 전체의 상태가 어떻게 되어 있는지 확인할 수 있을 뿐만 아니라 무엇보다도 놀란 자신의 마음을 안정시킬 수가 있는 것이다.

이와 같이 '아차' 싶을 때는 한 순간 주의 전환을 하면 자신을 유리하게 이끈다고 한다.

‘아차’라고 생각한 때는 급격하게 긴장도가 높아지고 일종의 시야 협착(視野狹窄)에 빠진다. 이 이상한 정신적 긴장을 풀지 않으면 평소에는 보일 여러 가지 상황도 보이지 않게 될 것이다. ‘아차’하는 생각이 들면 일순간이라도 전혀 다른 것을 떠올림으로써 그 긴장을 풀 수가 있다. 이 때를 위해 떠오르기 쉬운 구체적인 물건이나 이미지를 준비해 두는 것도 좋을 것이다.

청년이 불만을 갖는 것은 좋다. 그러나 결코 비관을 해서는 안 된다.

– 중국 작가 노신(魯迅)

87 ——
불안할 때는
그 이유를
자문자답해 본다

불안을 호소하는 사람들로부터 메일을 받고 '아아, 이 사람은 곧 불안에서 탈출할 수 있겠구나.'라고 생각하는 사람과 그렇지 않은 사람의 차이는 그들의 고민 내용 보다는 호소하는 방법으로 나눌 수 있을 것 같다. 고민 호소법을 문장 중의 의문형과 그에 대한 대답에 주목하여 대별해 보면 호소하는 방법이 "나는 왜…인가", "그것은……이 아닐까."라는 자문자답의 식으로 짜여 있는 사람은 비교적 빨리 고민에서 탈출할 수 있을 것이다. 물론 일방적으로 자신의 고민을 호소하기만 해도 불안의 탈출이라는 점에서 효과가 있지만, 그것이 자문자답(自問自答)이라는 정신상의 작업을 동반하고 있는 사람은 그 효과가 보다 빨리 나타난다고 말해도 좋을 것이다.

그 이유는 자문자답을 하는 것으로써 그만큼 빨리 불안의 정체를

215

파악할 수 있기 때문이다. 원래 '불안'은 눈앞에 원인이 분명히 있는 '공포'와는 달리 원인이 막연하고 정체를 파악할 수 없다는데 그 특징이 있다. 그러므로 원인을 보다 명확한 형태로 파악할 때 불안은 이미 90퍼센트가 해소되었다고 할 수 있다. 그리고 자문자답하는 것은 불안한 감정에 있는 자신을 구한다는 의미도 있다.

88 ────

불안이 있을 때는
좋아하는 음식을 배불리 먹는 것도
기력 충전에 도움이 된다

"배가 고프면 싸울 수가 없다."라고 하는데 분명히 음식을 충분히 섭취하는 것이 의욕을 북돋우기도 하고 불안을 해소하는데 중요한 의미를 갖는다는 것은 누구나 경험이 있는 일일 것이다. 단 일반적으로 마음에 불안이 있을 때는 식욕(食慾)·성욕(性慾) 등 인간의 욕망이 모두 정체되는 감이 있고 무기력한 상태에 빠지는 일이 많다. 사람에 따라서는 이럴 때 반대로 이상하게 식욕이나 성욕이 증진되는 경우도 있는 것 같은데, 이것도 그 불안을 일시적으로 잊고 싶다는 표리일체의 심리에서 생기는 것일 것이다.

아무튼 잘 먹고 푹 자는 최저 건강의 처리 조건인 때에 그렇게 할 수 있다는 것이 체내의 힘에 넘치는 느낌과 함께 심리적으로 큰 안심감을 주는 것은 사실이다. 그를 위한 연구의 하나로 불안이 생길 때는 다소 돈이 들더라도 자신이 아주 좋아하는 것은 배불리 먹어 보는 것을 권하고 싶다. 아무리 식욕이 감퇴되어도 그것이라면 손가락도 움직일 것이다. 또 저녁식사를 거르고 활동을 시작하기 전에 아침 식사의 메뉴를 충실하게 하는 방법도 있을 것이다.

"식사도 충분히 했으니 그럼⋯⋯."이라고 기합을 넣는 것이 자신에게 플러스의 자기 암시를 주어 활력을 충실하게 하는 것이다.

이 세상에서 성공하기 위해서는 힘이 다 빠져 죽을 때까지 펜을 손에서 놓지 않아야 한다.

– 프랑스의 사상가 볼테르

89 ──

어렵다는 의식을 없애기 위해서는 반복해서 그것에 익숙해져야 한다

음악에 취미를 높이면 클래식파, 재즈파, 팝송파 등 마치 정당의 당파(黨派)처럼 자신의 취미를 좋게 생각하고 열심히 지키는 사람이 있다. 그러나 조사해 보면 이런 취향도 자신을 주장할 수 있을 정도로 확실한 것은 아니다.

실험에 의하면 클래식파도 가요를 많이 들으면 가요가 좋아지고, 또 반대의 일도 일어난다는 것이 확인되어 있다. 이것은 '친밀감의 효과'라는 것으로, 인간은 접촉 횟수가 많은 것에는 자연스럽게 친밀성, 즉 익숙하여 친숙해지는 감정을 품게 되고, 또 일단 친밀성을 느낀 것에는 '좋다.'는 감정을 갖는다는 것이 분명해진 것이다.

이것은 인간에 대해서도 마찬가지로 싫다고 생각해도 그 상대를 만나는 횟수가 많아지면 상대의 사정을 알기도 하는 것으로써 친밀감을 갖게 되는 경우가 있다. 예를 들면 내 친구 중에 "나는 싫은 느낌이 들면 좋아질 때까지 사귀어 본다."라고 공언(公言)하며 그것을 실행하고 있는 남자가 있다. 분명히 싫은 상대가 많으면 많을수록 이 세상을 살아가기가 힘든 만큼 그럴 필요도 있을 것이다.

이처럼 어렵다거나 싫다는 감정은 선천적인 것도 아니고 절대적인 것도 아니며, 대부분은 친밀성의 부족에서 일어나는 것이라고 생각할 수 있다. 어두운 곳에 들어가면 처음에는 무섭고 불안하지만, 잠시 지나 눈에 익숙해지고 소리나 바람 등 다른 감각에 의해 주위의 상황을 받게 되면 그와 동시에 불안감도 없어져 간다. 이와 마찬가지로 싫은 사람이나 일이라도 반복해서 접촉하는 중에 그 대상에게 익숙해지고 또 일단 익숙해지면 그와 동시에 그 대상의 여러 면을 알게 된다. 그렇게 되면 싫다거나 어렵다는 의식은 거짓말처럼 사라져 버리는 것이다.

사람은 기회만 주어지면 누구나 그 능력을 무한히 발휘할 수 있다.
– 정치학자 吉野作造

90 ——

같은 실패를 해도 자신이
웃을 수 있느냐 없느냐로
실망감의 크기가 달라진다

외국인들이 이해하기 어려운 우리나라 사람의 행위 가운데 한 가지가 '실패했을 때의 웃음'이라고 한다.

예를 들면 막 달려오다가 바로 눈앞에서 문이 쓱 닫혔을 때 우리나라 사람은 대부분 씩 웃는다. 또는 몇 개나 산 복권이 다 빗나갔으면 웃는다. 이것을 외국인은 이해하기 어렵다고 하는데, 분명히 외국인의 눈에는 일리가 있다. 그들이라면 발을 동동 구르며 억울해 해야 할 경우이기 때문이다. 그러나 이러한 웃음 속에는 우리의 독특한 생활 기술의 의미가 포함되어 있다. 그것은 웃지만 실패에 의해 맛보게 되는 실망감을 보다 가볍게 느끼기 위한 기능을 하고 있는 것이다. 웃는다는 것은 우울감에서 생긴다고 하지만, 이 경우에는 웃음으로써 스스로 우월감을 얻는다. 즉, 실패한 자신을 타인처럼 웃는 것에 의해 자신을 분열시켜 마음에 작은 여유를 느끼는 것이다.

　이런 생활 기술은 예를 들면 늘 열등감에 사로 잡혀 있는 자신에 대해서도 응용할 수 있다. 고민하고 있는 자신을 웃음으로써 객관시할 수 있으면 고민에 의한 정신적 부담도 훨씬 가벼워지는 것이다.

상대의 견해에 의한 자기 암시술

part **6**

열등감은 이렇게
해서 떨쳐버린다

일하고 기다리는 것을 배워라.

- 미국 시인 롱펠로우

91 ──
상대가 자신을 싫어하고 있을 때는 자신이 상대를 싫어하고 있다고 생각하면 된다

지금까지 여러 가지 고민이나 불안을 겪어 왔을 것인데, 인간은 많건 적건 누구나 타인 지향성(他人志向性)의 성격을 갖고 있고 그럼으로써 자신이 신경증에 걸리기도 하고 고민을 낳게 된다. 그러므로 이 장에서는 타인에 대한 불필요한 열등감을 없애고, 자신의 능력을 충분히 발휘하기 위한 자기 암시술을 생각해 보자.

예를 들어 당신은 타인으로부터 멸시를 받거나 가벼운 취급을 받았을 때 끙끙 앓지는 않는가. 이럴 때 마음을 정리하여 심신의 활력을 되찾는 데에 내 친구 중 '실연가'라는 별명을 갖고 있는 사람의 예가 참고가 될 것이다. 그는 그 별명대로 열심히 연애를 하고 또 실연을 하는데 어떻게 그렇게 계속 정신적인 활력을 가질 수 있는가 하는 질문에 대해, "싫어한다고 생각하면 괴로우니까 이쪽이 딱지를 놨다고 생각하는 것뿐이지."라고 대답했다.

우리들의 마음속에는 정신적인 위기에 자신을 지키기 위한 방어기제(防禦機制)라는 것이 갖추어져 있다. 그의 경우는 그 일종인 '투사(投射)'라는 것이 갖추어져 있다. 그의 경우 는 그 일종인 '투사' 즉 자신의 마음속에 있는 감정이 상대의 마음속에 있다고 생각하는 심리적 메커니즘을 의식적으로 역용(逆用)하고 있었던 것이다.

92 ──
타인의 장점은
크게 보고 자신의
장점은 작게 본다

인간에게는 누구나 '다른 사람은 모두 나보다 위대하게' 보일 때가 있다. 그런데 이 '위대함'은 객관적인 것이 아니라 다분히 심리상태가 반영되어 있는 경우가 적지 않다. 특히 자신의 마음속에 어떤 콤플렉스가 있으면 상대를 과대하게 보고, 이 과대시된 환영(幻影)에 겁을 먹고 자신을 잃는 악순환에 빠지는 경우가 많다.

내가 처음 외국 여행을 갔을 때의 이야기인데, 보는 것도 듣는 것도 모두 외국인이 크게 보이는 콤플렉스에 빠진 적이 있었다. 그럴 때, 나는 이탈리아에서 부인용 장갑을 선물로 샀다. 그런데 그것을 갖고 돌아와 보니 그 장갑은 너무나 작아 쓸 수가 없었다. 외국인을 지나치게 크게 보아 너무 작은 것을 골랐던 것이다. 자주 "옆집 잔디가 더 파랗게 보인다."라거나 "남의 떡이 더 커 보인다."라는 말을 하는데, 인간은 타인의 장점은 크게 보고, 자신의 장점은 작게 보는 것이다. 이것을 알아 두면 쓸데없이 타인을 위대하게 보는 견해는 없어질 것이다.

인간 세계에는 진짜로 번민할 만한 것은 없다.
- 그리스의 철학자 플라톤

93 ——
자신과 같은 결점을 가진
인간을 알게 됨으로써
콤플렉스에서 해방될 수 있다

악성 베토벤은 소년시절부터 가정의 빈곤, 육체적인 열등감 등 여러 가지 고민을 갖고 있었는데 후에 그것을 되살려 위대한 음악을 후세에 남겼다. 그 정신력의 지주가 되었던 것은 자신과 같은 육체적 콤플렉스로 고민하면서 영웅의 자리에 올랐던 나폴레옹의 모습이었다고 한다.

일반적으로 인간은 타인 중에 자신과의 공통점을 인정할 수 있는 사람을 보면 친밀감이 생기고 마음이 든든해지는 것을 느끼는데, 이 페이지의 예처럼 그 공통점이 열등감에 뿌리를 둔 경우에는 그 기분이 강해진다. '고민하고 있는 것은 나뿐만이 아니구나.'라는 연대 의식(連帶意識)이 생기기 때문이다.

특히 그 상대가 위대하거나 성공자이거나 또는 그 어떤 점에서 상당히 우수한 사람이라면 그 인생이나 삶의 방식에 큰 격려를 얻을 수가 있다.

내가 다루었던 경우에도 공부에 자신이 없고 그 때문에 모든 면에 자신을 잃고 있던 소년에게 다음에 든 사람들이 학창 시절에 열등생이었다는 것을 이야기하여 자신감 회복에 도움이 되었던 적이 있었다는 것을 이야기하여 자신감 회복에 도움이 되었던 적이 있었다. 그것은 생물학자 린네와 다윈, 물리학자 뉴턴, 철학자 헤겔, 시인 바이런 그리고 나폴레옹 등이다. 이들은 '어떤 능력이 결여되었기 때문에 학창시절에 열등생의 꼬리표를 달고 있던 사람들'로서 예시하고 있는 역사상의 인물이다. 그들은 학창시절의 열세를 만회하고 만년이 되어 자신의 능력을 발휘하여 인간을 위해 위대한 공헌을 했다.

이와 같이 자신과 같은 결점을 갖고 있는 사람이 모든 분야에 있다는 것을 안 것만으로도 결점으로 끙끙 속을 끓이거나 열등감을 느끼는 것이 얼마나 쓸데없는 일인지를 알게 될 것이다.

94 ——

자신보다 우수한 사람의
단점을 세어보면
자신의 장점이 늘어난다

바둑의 세계는 알고 있는 바와 같이 프로와 아마추어의 실력 차가 다른 어느 세계보다도 분명하다고 일컬어지고 있다. 지난번 프로 기사를 이긴 아마추어 기사를 만나 그 승리의 비밀을 물은바 그는 이런 이야기를 했다.

"저는 대국 자리에 앉는 순간, 실은 완전히 들떠버렸습니다. 그래서 어떻게 하든 그 긴장을 풀려고 눈에 띄는 한 상대의 단점을 세어 보았습니다. 옷차림이라든가 수염 깎은 상태, 담배를 피우는 모습 등이죠. 그리고 그러던 중에 왠지 릴렉스 해지고 자신이 생겼던 것입니다."

나 자신도 옛날 시험 때 자주 시험관의 단점을 살피며 안정을 찾았던 경험이 있는데, 인간은 상대에게서 아무리 작은 단점이라도 발견하면 분명히 상대적으로 자신의 장점이 늘어나 자신이 생기는 것이다. 물론 그 단점이 상대의 실력을 조금이라도 손상시키지 않는다는 것은 분명하지만, 불필요한 공포나 위축에서 자신을 지키는 돌파구가 되어 준다는 것 또한 분명하다.

95 ——

기가 죽는 상대라도
자신과 공통되는 점을
세어 가면 기가 죽지 않는다

한 소설 속에 이런 이야기가 있다. 가난한 일가가 산에 꽃구경을 하러 갔다. 그런데 주위에는 풍요로운 생활을 하는 듯한 사람들뿐이었다. 완전히 위축된 아들이 "모두 좋은 옷을 입고 있네요. 나는 넝마를 입고 있으니 걸레 같은데."라고 했다. 그 말을 듣고 그의 아버지는 "한 꺼풀 더 벗으면 모두 해골이다. 자신을 비하할 것은 하나도 없다."

이 이야기 중에는 인간을 불필요한 위축에서 해방시키는 자기 암시술이 포함되어 있는 것 같다. 즉, 도저히 상대가 되지 않을 듯한 상대라도 "한 꺼풀 벗기면 해골이다."라는 식으로 자신과 공통되는 점에 눈을 주는 것에 의해 자신과 같은 레벨의 인간이라고 생각할 수 있고, 자신이 위축되는 이유가 사라져 버리는 것이다. 물론 공통점은 '해골' 뿐만은 아니라 그 수가 많으면 많을수록 좋다. 상대가 신(神)이 아닌 한 생리·육체·정신 등 상대와의 공통점은 얼마든지 들 수 있을 것이다. 그것을 세어 가는 중에 상대가 자신과 다른 더 나은 점의 퍼센테이지는 점점 내려가고, 위축되지 않게 된다.

큰일을 이루려면 노인이라도 청년이 되어야 한다.

– 독일 시인 괴테

96 ——
상대에게서 다른 신분을
발견하면 열등감을
느끼지 않게 된다

미국의 캐네디 대통령은 일찍이 제클리 부인을 데리고 파티에 나갔을 때, 자주 자기소개에 사용하는 유명한 문구가 있었다. 그것은 "I am husband."(나는 그녀의 남편입니다.)라는 것인데, 그는 이 말에서 대통령이라는 신분 이외에 그보다는 더 친밀한 '한 여성의 남편'이라는 신분임을 나타내어 청중과의 사이에 있는 마음의 벽을 없애려 한 것이다. 이것은 이 책의 테마에도 귀중한 힌트를 주고 있다. 고(故) 캐네디 대통령의 임기응변의 신분, 바꾸어 말하면 우리들이 힘든 상대를 만났을 때, 열등감을 없애는데 도움이 된다. 이 말은 인간은 누구나 여러 가지 다른 그룹에 속해 있는 동시에 그 각 그룹 안에서 전혀 다른 신분이 주어지고 있다. 당신의 회사에서 권위를 부리고 있는 사장도 또 다른 회사의 회의에서는 말단석에 앉을 수밖에 없는 작은 존재이기도 하며 집에 돌아가면 아내에게 쩔쩔 매기도 하고 취미 교실에 가서는 그보다 어린 나이인 젊은이들에게 계속해서 지는 사람이기도 하다. 그런데 우리들은 상대의 일면만을 보고 그것을 확대 해석하여 어렵다는 의식을 갖는 경우가 많은 것이다.

그러나 이렇게 상대에게서 전혀 다른 신분을 발견하려고 노력하면 어렵게 느껴지던 상대도 더 이상 대단한 존재로는 생각되지 않는 것이다.

97 ——

상대의 급에 압도 되었을 때는
같은 급에도 여러 가지가 있다고
생각하면 된다

어떤 고등학교의 유도부선수가 대회에 임해 발표된 시합 대진표를 보니 상대가 어떤 이유에서인지 자신 보다 2단이나 위인 3단 선수들뿐이었다. 초단과 3단과는 도저히 상대가 되지 않는다고 풀이 죽어 있을 때, 선생님이 "3단이라고 해도 여러 종류가 있다. 3단 중에는 초단과 겨루어도 상대가 되지 않는 녀석도 있는 것이다."라며 격려해 주었다. 이 말로 용기를 얻어 그는 시합 당일 날 훌륭한 시합을 할 수 있었다고 한다. 급으로 인간을 판단하는 것은 우리들의 나쁜 버릇이라고 일컬어지는데, 분명히 우리들은 급이 인간을 유형화하기 위한 하나의 편의적인 수단에 지나지 않는다는 것을 잊고 급을 만능시하고 있다. 이 고등학교의 선생은 아마도 오랜 경험에서 그런 생각이 통하지 않는다는 것을 알았기에 이런 적절한 조언이 가능했을 것이다. 급의 현실은 그야말로 이 선생의 말처럼 '여러 가지가 있는' 실정이다.

　이 사고방식은 우리들이 급에 압도되었을 때 그대로 자기 암시의 재료로 사용할 수 있다. 예를 들면 '일류 대학 출신이라고 해도 여러 가지가 있다.'라고 생각함으로써 상대에게 위압감을 느끼지 않을 수 있는 것이다.

98 ——
싫은 상대의 싫은 행동에는
전혀 다른 원인을 생각해 보면
불쾌감이 사라진다

예를 들면 당신이 말이 많은 상사나 고교 선생에게 불려가 질책을 받았다고 하자. 그리고 분명히 자신에게 실수가 있었다는 것을 순순히 인정하고 고칠 마음이 되었다고 하자.

그러나 여기에서 질책의 한 마디를 새롭게 떠올려 '어째서 그는 그런 심한 말을 했을까, 내가 상대에게 나쁜 감정을 준 것은 아닐까, 능력이 없다고 생각하지는 않을까, 역시 나는 안 돼'라는 생각을 갖기 시작한다면 실패의 마음으로 동요된다.

이럴 때 유용한 자기 암시술의 하나는 상대의 행동과 전혀 다른 원인을 찾아 자신에게 있어서 싫은 그들의 행동은 그 원인 때문이라고 생각해버리는 방법이다. 예를 들면 지금과 같은 경우라면 '과장이 뭔가 집에서 나쁜 일이 있었나 보다.'라거나 '하루에 한 번은 누군가를 혼내주려고 결심했고 내 차례가 지금인가 보다.' 또는 '그녀에게 바람을 맞아 화가 나서는……' 등으로 생각해 보는 것이다. 아무튼 그 원인이 인간적인 것이면 인간적인 것일수록 싫은 행동의 원인에서 멀어져 편안하게 볼 수 있을 것이다.

과실을 범하는 것은 부끄러운 일이지만 과실을 고치는 것은 부끄러운 일이 아니다.

– 프랑스의 사상가 루소

가능한 상대에게 열등감을
느끼지 않기 위해서는 '능력'을
'역할'로 바꾸어 생각하면 좋다

인간 사회 속에 소위 능력 있는 사람과 능력 없는 사람이 섞여 있는 것은 사실이며, 이것을 부정하는 사람은 누구도 없을 것이다. 그러나 이러한 사실과 개개 인간의 존엄성과는 다른 것인데, 그것을 알지 못하는 것에서 열등감이 생긴다.

즉, 이론적으로는 그것을 알면서도 자신보다 일을 잘 하는 사람을 보면 열등감을 느끼고 어깨가 움츠려드는 사람이 의외로 많다. 이 점은 앞에서도 말했듯이 중국에서는 약간 사정이 다른 것 같다. 예를 들면 젊은 사람들은 친구들끼리 서로의 능력을 점검하여 누구는 지적인 능력이 있으니까 상급 학교에 진학하는 것이 좋을 것이다, '누구는 지도력이 있으니까 조직의 리더가 좋다'라는 것은 집단토론 중에서 결정한다고 한다. 거기에는 자신의 능력이 부족한 데서 열등감을 느끼기도 하고 타인을 부러워하기도 하며, 반대로 자신의 능력을 자랑하며 타인을 깔보는 분위기는 거의 없다고 한다.

나는 아직 중국의 실태를 잘 모르지만, 만일 이것이 사실이라면 그들은 실로 합리적으로 인간 관리의 기술을 구축하고 있다고 할 수 있을 것이다. 이 말은 이러한 방법은 개개의 인간을 '능력'이라는 우열 있는 척도로 판단하지 않고 그 우열을 오히려 하나의 적성으로서 '역할'에 맞추어 생각하고 있기 때문이다. 머리가 좋은 사람은 학자나 조직의 간부가 되고, 몸집이 좋은 사람은 육체노동자가 되고, 예술적 재능이 있는 사람은 예술가가 되는 것이 '역할'인 것이다. 역할인 한 학자가 되는 사람은 오히려 머리가 좋은 것이 당연하며, 예술가가 되는 사람은 예술적 재능이 있는 것이 당연한 것으로 그 전체가 특별한 것은 아니다. 그 후에는 그들 각자가 그 '역할'에 어느 정도 열심히 임하고 있느냐가 평가의 대상이 될 뿐이다.

이와 같이 아무리 능력에 차이가 있다고 해도 그것을 역할로 바꾸어 생각하면 불필요한 열등감을 느끼지 않게 된다.

자신이 서 있는 장소를 깊이 파라. 그러면 분명히 샘이 솟아날 것이다.

– 작가 高山樗牛

100 ——
압도될 듯한 상대의
앞에서는 의식적으로 여유 있는
동작을 취하면 좋다

재담을 잘하고 못하고는 무대에 오르는 모습만 보아도 곧 알 수 있다고 한다. 무대 끝에서부터 천천히 올라와 여유 있게 무대 가운데 선다. 가슴을 쭉 편다고 하는 이 프로세스가 여유 있게 보이는 사람은 재담을 잘 할 것이다.

어떤 젊은 재담가는 이 느긋한 동작을 흉내 내어 자신의 소질을 갈고 닦을 수 있었다고 말한다. 흥분 될 듯한 때에도 '느긋하게'라는 것을 머릿속에 넣고 행동을 하면 많은 관객들에게 압도되지 않고 재담을 연출할 수 있게 된다고 한다. 실은 이것은 재담뿐만이 아니라 모든 인간의 동작에 대해 말할 수 있는 것이다. 즉, 인간의 심리와 동작의 속도와는 상관관계가 있어서 마음에 여유가 없을 때는 동작도 소심해지고, 또 반대로 느긋한 심리일 때는 동작도 자연스럽게 크고 여유 있어 지는 것이다. 그러므로 이 이론을 역용하여 동작 쪽을 의식적으로 크고 여유 있게 하면 동작 쪽에서 심리가 규정되어 불안이 사라지고 자신감이 생겨나는 경우가 많은 것이다. 전술한 젊은 재담가의 이야기 는 이 원리를 생각한 행동 방식이라고 할 수 있을 것이다.

101 ——
상대에게 압도될 듯한
때는 빛을
등지고 앉는다

빛 안에 선 상(像)은 그림자와 마찬가지로 상대에게 자신의 표정을 읽게 하지 않는다. 반대로 상대는 몸 구석구석까지 빛을 받아 자신의 모든 것을 드러내게 된다. 이것이 상대를 불안하게 한다. 또한 빛을 배후(背後)로 한 상은 빛과 일체가 되어 상대에게 실체보다도 큰 인상을 준다. 그야말로 '후광이 비치는' 상대가 되어 상대를 정신적으로 압도하게 되는 것이다.

이 원리를 생각하면 반드시 배후에서 빛을 받는 위치에 몸을 두지 않더라도 상대를 빛이 비치는 밝은 장소에, 자신을 빛이 비치지 않는 어두운 장소에 두는 것만으로도 이 효과의 일말을 기대할 수 있다는 것을 알 수 있을 것이다. 아무튼 상대에게 압도될 듯한 때는 빛을 이용하여 자신의 우위를 확보하는 것이다.

어느 누구도 신용하지 못하는 것도, 모든 사람을 신용하지 않는 것도 잘못이다.

– 로마의 철학자 세네카

102 ———
상대에 대한 저항감을
제거하기 위해서는
공통의 적을 만든다

평소 사이가 나빠 서먹서먹하던 며느리와 시어머니가 의기투합하여 열심히 이야기꽃을 피우고 있다면 그 화제는 이웃집 사람의 험담이 될 것이다. 이웃집 사람이라는, 말하자면 공통의 적을 가졌을 때 비로소 휴전 상태가 되어 서로의 마음의 담을 제거하고 서로에게 가까이 다가 간 것이다.

시어머니와 며느리 문제뿐만이 아니라 인간은 옛날부터 이 공통의 적 존재로 인해 서로 사이를 좁히고, 손을 잡는 동료가 되는 역사를 반복해 왔다. 예를 들면 내분으로 혼란스러운 나라라도 외국군이 침공하면 일전하여 일치단결하고, 아이들의 세계에서조차 싸움만 하던 형제가 개구쟁이의 출현에 의해 의기투합하여 명콤비가 되는 경우가 있다. 또 로미오와 줄리엣의 이야기처럼 연인들이 주위의 반대를 물리치고 더 단단히 사랑이 맺어지는 것도 같은 예일 것이다. 이렇게 생각해 보면 이 원리를 반대로 이용하여 의식적으로 공통의 적을 만드는 것으로 인해 대하기 어려운 관계를 편하게 만들 수 있다는 것은 오히려 당연한 이야기일 것이다. 사실 일찍이 히틀러는 유태인을 공통의 적으로 삼아 당시 상당히 장악하기 힘들었던 독일 중산층의 마음을 단단히 단결시켰다.

히틀러만큼은 아니더라도 이 사고 방식은 상대와 잘 지내지 못해 괴로움을 겪고 있는 사람이나 아무래도 저항감이 있어서 가까이 가기 힘든 사람 등에 대해 공통의 적을 찾아내어 접근하면 그때까지 서로 느끼지 못하던 친근감을 가질 수 있을 것이다. 한번 시험해 보면 좋을 것이다.

103 ——
상대의 위압감에서
벗어나기 위해서는
상대의 몸 일부를 응시 한다

왠지 모르게 위압감이 느껴지는 상대가 있는 것이다. 위압감이란 그 사람의 전신에서 상대를 압박하는 듯한 것이 배어 나오는 것이다. 그러므로 어떤 상대와 전신 대 전신으로 마주하면 위압감은 더 가중될 뿐이다.

이럴 때 상대의 위압감을 줄이기 위해 상대의 신체 일부를 응시한다는 자기 암시술이 있다.

전쟁 때에 '일점 돌파(一點突破)'라고 해서 적의 가장 약한 부분에 초점을 맞추어 거기만을 공격하는 전법(戰法)이 있는데, 이것을 인간에게 응용하려는 것이다. 예를 들면 상대의 키가 커도 좋다. 이야기를 하면서 상대의 신체 일부를 응시한다. 이렇게 하면 상대의 전신에서 발산되는 위압감을 줄일 수 있는 동시에 상대에게 자신 몸의 그 부분에 신경을 쓰게 만들 수 있는 것이다. 즉, 당신은 상대의 페이스에 말려들지 않을 뿐만 아니라 상대의 의식을 확산시킬 수 있는 것이다. 그리고 이번에는 반대로 상대의 눈이 왔다 갔다 하며 침착성을 잃게 되고, 주객전도(主客顚倒)가 되는 경우도 기대할 수 있다. 상대의 위압감에서 벗어나기 위한 자기 암시가 상대의 마음을 동요시키는 암시로까지 발전하는 일은 충분히 있을 수 있다.

104 ———
힘든 상대에게는
무표정을 고수하는 것도
효과가 있다

인간은 열등감을 느끼는 상대를 만나면 '힘든 상대다.'라는 것만을 지나치게 의식하여 상대의 페이스에 말려드는 경향이 있다. 상대의 이야기에 고개를 끄덕이기도 하고 붙임성 있게 웃기도 하며, 상대의 이야기에 장단을 맞추기도 하면서 상대에게 자신을 드러내 보이는 경향이 있다.

이래서는 언제까지나 상대의 페이스에 끌려 다니게 된다. 그렇다고 해서 자신의 마음에 샘솟는 힘들다는 의식을 간단히 제거하라는 것은 무리한 이야기이고, 페이스에 말려들지 않도록 자신의 마음을 잘 붙들어 두려고 해도 잘 되지 않는다.

이럴 때는 상대에게서 벗어나기 위해 의식적으로 무표정을 고수하는 것도 한 가지 방법이다. 이렇게 하는 것에 의해 당신은 자신의 내부를 들추어 내지 않게 되는 동시에, 반대로 마음의 동요를 가라앉히게 될 것이다. 이렇게 하여 자신의 페이스를 유지할 수 있으면 힘든 상대라 해도 아무런 두려움도 느끼지 않는 존재로 여겨지는 것이다.

의심이 가는 것을 묻는 것을 부끄러워하지 말고 잘못한 것을 고치는 일을 부끄러워하지 않는다.

– 네덜란드의 사상가 에라스무스

105 ─

홈그라운드를
이용하면 힘들다는
의식도 극복할 수 있다

프로 야구의 각 팀은 각각 홈그라운드를 갖고 있다. 당연히 홈그라운드에서의 시합이 홈그라운드 이외에서의 시합 보다 승률(勝率)이 높다. 홈그라운드에서의 팬들이 환호성, 선수가 야구장의 지질(地質)이나 그라운드, 컨디션을 잘 알고 있고 자군(自軍)의 구장(球場)이라는 정신적인 안심감이 선수의 심리에 좋은 영향을 주어 평소의 실력을 최대한 발휘할 수 있기 때문일 것이다. 말하자면 싸우는 장소가 자신에게 있어서 친밀하다는 것이 선수에게 자신감을 주어 좋은 효과를 내는 것이다.

이 홈그라운드 심리를 우리들은 야구뿐만이 아니라 작업장 등에서도 무의식적이나 의식적으로 자주 사용하고 있다. 예를 들면 접대 등에서 "다음은 어디로 가시지요."라고 상대를 자신의 영역으로 데리고 가려 한다. 이것은 역시 거기라면 상대를 자신의 페이스로 끌어들

일 수 있다는 생각에서일 것이다.

그러므로 힘든 상대와 만날 때는 의식적으로 자신의 홈그라운드를 만들어 두는 것도 힘들다는 의식을 극복하는 하나의 유력한 수단이 되는 것이다. 어디리도 좋다. 좋아하는 장소를 자신의 홈그라운드라고 자기 암시를 걸어 상대를 그곳으로 데리고 가는 것으로써 상대에 대한 힘든 의식을 극복하는 것이다.

예를 들면 시험장 등에 자신에게 친숙한 연필이나 지우개를 갖고 가면 마음이 안정된다. 이것 역시 그것에 의해 자신에게 친숙한 공간을 만들어 하나의 홈그라운드 의식을 나타낸 것이라고 할 수 있을 것이다.

이렇게 해서 언제나 열등감을 느끼고 있는 상대에게 자신감을 갖도록 하자.

마음에 없는 사람이라도 좋은 이야기는 할 만한 것이다.

— 수필가 吉田乘好

106 ——
공포감을 주는 인간을 구체적인
것으로 가상하여 쳐부수면
마음이 동요되지 않게 된다

스페인을 여행할 때 투우 연습을 본 적이 있다. 투우사의 조수들이 수레 앞에 소의 뿔을 달고서 움직이고 그것을 투우소처럼 생각하고 연습을 하는데, 이 방법에는 투우의 기술을 연습하는 것 외에 실물(實物)인 맹우(猛牛)에 대한 공포감을 없앤다는 의미도 있다고 한다. 이와 마찬가지의 방법을 인간 대 인간의 장소에서도 살릴 수가 있다. 어떤 대기업의 전기회사에서는 중역 모양의 인형을 만들어 두고 사원은 원할 때 그것을 막대기로 두들긴다고 한다. 그것으로 인해 중역에 대해 품고 있던 공포감이나 스트레스를 제거하고, 일을 잘 할 수 있게 된다는 것이다. 검도나 유도 연습에서 연습 상대를 실제의 적이라고 생각하고 치는 것도 그것이 자신감으로 연결되기 때문이다.

이들 방법이 유효하다면 구체적인 것으로 가상하여 친다는 유사

체험(類似體驗)에 의해 자신의 내부에 있는 불안이나 공포의 에너지가 방출되고, 자연스럽게 두렵지 않다는 자기 암시가 걸리기 때문이다. 치는 것은 특별히 진짜와 똑같지 않아도 상관없다. 가까이 있는 방식이라도 그것을 상대라고 보고, 말은 신문지 등으로 마음껏 두드리면 되는 것이다.

107 ——

어려운 상대와
접할 때는 상대의 기선을
제압하도록 한다

어려운 상대와 대면하면 자칫 도망치려는 자세가 되는 경향이 있다. '가능하다면 얼굴을 마주 대하고 싶지 않다거나 멀리 가고 싶다'라는 생각을 하게 되고 이것이 언동(言動)으로도 나타나게 되는데, 이래서는 어려운 의식은 언제까지나 해소되지 않게 된다. 이것을 해소할 한 가지 방법으로써 자주 일컬어지는 것이 상대의 기선을 제압한다는 방법이다.

예를 들면 우리들이 찻집에서 누군가를 만났을 때 약속 시간보다 늦어지면 왠지 마음이 무거워진다. 그러나 미리 가서 앉아 있다가 상대가 늦어지면 반대로 안심과 동시에 마음에 여유가 생기고 상대에 대해 심리적인 우월감을 가질 수 있다.

이 심리를 응용하면 어려운 의식을 극복할 계기를 간단히 잡을 수 있게 될 것이다. 예를 들면 상대와 만나기로 했으면 약속 시간 보다 미리 가도록 한다. 상대의 기선을 제압하여 이쪽이 심리적으로 우월감을 가질 수 있게 하는 것인데, 이렇게 하면 상대에 대한 소극적인 자세가 사라질 뿐 아니라 상대에게 적극적으로 대항함으로써 자신감도 싹트는 것이다.

사람은 자신의 일이 끝나기 전에는 죽지 않는다.

– 영국 탐험가 리빙스턴

108 ——

싫은 상대 때문에 마음이 흐트러지지
않기 위해서는 시선을 맞추지 않는 것도
한 가지 방법이다

어머니가 자식에게 "엄마의 눈을 보고 사실을 말해 보거라."라고 야단치는 광경을 보는 경우가 있다. '눈은 마음의 창'이라고 하듯이 눈은 사실 사람의 마음 상태를 잘 나타낸다. 우리들이 상대로부터 진실을 읽어내려고 할 때 시선을 마주 하기를 요구하는 것은 이런 이유 때문이다.

그러나 상대에게 시선을 맞춘다는 것은 상대의 마음을 살필 수 있는 동시에 자신의 내면을 상대에게 드러낸다는 양쪽 날이 있는 성질을 갖고 있다. 그러므로 사람에 따라서는 시선을 맞추기 때문에 상대에게 조종되고 마음이 흔들리는 일도 충분히 있을 수 있는 것이다.

그러므로 당신이 만일 싫은 상대로 인해 마음이 어지럽혀지지 않고 싶을 때는 상대에게 시선을 맞추지 않는 방법도 하나의 유효한 자기 암시술이 되어 준다. 일부러 시선을 맞추어서 생기는 불안을 막고 상대의 공격을 피하는 동시에 이 행위를 통해 상대를 무시한다는 간접적인 공격의 자세를 상대에게 나타내어 심리적 압력을 가할 수도 있는 것이다.

의식의 전환에 의한 자기 암시술

part 7
_____

사고방식에 따라
당신이 살아날 수
있다

●

공(功)의 성공은 성공하는 날에 행하기 때문이다.

- 중국의 유가 소노천

109 ——
주변에서 일어나는
일은 항상 자신에게
좋은 쪽으로 해석한다

날씨가 맑아야 할 결혼식 당일 날. 만일 비가 내린다면 당신은 그 것을 어떻게 받아들일 것인가. 결혼생활에 자신이 있는 사람이라면 아마도 '비온 뒤 땅이 굳는다.'라며 좋은 출발이라고 좋아할 것임에 틀림없다. 그러나 객관적으로 그렇게 생각한다고 해도 결혼생활에 자신이 없는 사람은 '이 비처럼 두 사람 사이가 흘러가지는 않을까.'라고 불길한 징조처럼 느낄 것이다.

옛날부터 '세상은 생각하기 나름'이라는 말이 있듯이 세상은 생각하기에 따라서 밝아지기도 하고 어두워지기도 하는 것이다. 실패하거나 불안할 때는 자칫 어두운 쪽으로 생각하게 되지만, 어차피 사실이 변하지 않는 것이라면 밝은 쪽으로 해석하는 편이 어느 정도 마음을 편하게 해준다. 뿐만 아니라 이런 기분전환이야말로 불안감을 없애주고, 앞으로의 장래를 좌우한다고 해도 과언이 아니다.

비가 오든 날씨가 맑든 결혼 생활이 잘 되느냐 어쩌느냐는 새로운 출발점에서의 본인의 마음가짐에 따라 달라지는 것인데, 이 장에서는 자칫 비관적이 되기 쉬운 가라앉은 마음을 밝게 전환할 수 있는 자기 암시술에 대해 이야기해 보고 싶다.

110 ——
비관적인 것과 반대
연상을 하면
새로운 길이 발견된다

인간은 누구나 실패했을 때 절망감에 빠지는 것은 당연하다. 그러나 이 절망감을 어떻게 해석하느냐에 따라 길은 저절로 두 가지로 갈라진다. 대부분의 사람은 비관적인 상황에 부딪치면 이것저것을 생각하여 사태를 좋게 만들기는커녕 더욱더 늪으로 빠져들고 만다.

이 늪에서 벗어나기 위해서는 기분을 밝게 바꾸는 것이 선결이다. 그러기 위해서는 자신을 절망시키고 있는 비관적 재료와는 완전히 반대인 방법이 있다. 아이디어 개발 기법의 하나인 '반대 연상법'을 이용하여 이런 식으로 생각해 보는 것이다.

지금 당신이 두 번째로 일류 대학 시험에 실패하여 비탄의 구렁텅이에 빠져 있다고 하자. 당신의 마음은 아마 ① 자신의 실력으로는 일류 대학에 들어갈 수 없는 것이 아닐까. ② 세 번째도 실패할지 모른다.

③ 불안하여 공부가 손에 잡히지 않는다는 생각이 마구 들 것이다. 그럼 여기에서 이들 항목과 반대되는 일을 나란히 써본다. ① 내가 들어가지 않으면 누가 일류 대학에 들어 갈 것인가. ② 인생은 긴 것이다. 언젠가는 합격한다. ③ 희망에 차 있고 의욕도 충분하다. 이것만으로도 '좋아, 내년을 목표로 해 보자.'라는 새로운 용기가 솟아날 것이다. 이 용기야 말로 시험을 성공시키는 최대의 결정적인 수단이 되는 것이다.

지난 일은 지난 일이므로 지난 일로 그대로 둔다.

– 그리스 시인 호메로스

과거의 자신을 되돌아보면
지금의 자신에게 자신감을
가질 수 있다

영국 작가의 이야기인데, 그는 독특한 슬럼프 탈출법을 실행하고 있다고 한다. 집필 중에 아무리 애를 써도 붓이 잘 나가지 않으면 그는 언제나 퍼블릭 스쿨 시대에 썼던 일기를 읽는다고 한다. 이렇게 하면 자신이 회복되고 집필할 의욕이 다시 솟아나므로 상당히 편리한 자기 암시술이라고 할 수 있다.

물론 일기를 쓰던 과거의 자신은 그때그때에 따라 여러 모습일 것이다. 기운에 넘쳐 낙관적으로 세상을 보던 때도 있고, 현재의 자신보다도 의기소침하여 비관적이 되어 있었던 적도 있을 것이다.

과거의 자신이 건강하고 기운 차 있었던 경우는 '잊고 있었는데 내게도 이런 때가 있었지.'라고 격려하게 된다. 반대로 과거의 자신이 현재 보다 지쳐 있거나 유치한 생각에 고민하고 있으면 '옛날에 비하면 이런 내 자신도 상당히 진보한 것이로구나.'라고 생각하게 된다. 즉, 일기를 읽음으로써 현재 자신의 기분이 드러나는 방향으로도 전환되는 것이다.

말하자면 일기란 좋은 일이든 나쁜 일이든 과거의 자신을 충실하게 반영하고 있는 것이므로 과거의 자신과 현재의 자신을 대비시켜 보는 것으로 인해 슬럼프에 빠진 기분을 되돌릴 수 있는 기폭제로 활용하는 것이다.

과거의 자신을 돌아보며 기분을 전환하는 수단은 일기뿐만이 아니다. 예를 들면 옛날에 애독(愛讀)하던 책을 보아도 같은 효과를 거둘 수 있을 것이다. 읽어감에 따라 과거에 그 책을 보면서 품었던 감동이나 비판이 떠오른다. 그것이 일기의 예처럼 자신 스스로 자신감을 되살리는 수단이 되는 것이다.

사람은 빵만으로 살 수는 없다. 그러나 또한 빵이 없이는 살 수 없다.

- 경제학자

112 ——

자기부정에 빠졌을 때는
'……그러나'라는
말을 사용하면 기분도 달라진다

고등학교에서 영어를 가르치고 있는 내 친구가 영어를 어려워하는 학생들에게 영어의 재미를 붙여주는 비법에 대해 이야기를 해준 적이 있다. 영어를 못하겠다고 고민하는 학생들에게는 '나는 영어를 못한다. 그러나…'라는 말을 주고 거기에 이어 문장을 스스로 만들어 보도록 하는 것이다. 물론 뒤에 이어지는 문장 중에는 반드시 '영어'라는 단어를 넣도록 지시한다.

학생들이 만드는 문장은 '나는 영어를 못한다. 그러나 영어의 스펠링은 깨끗이 쓴다.', '그러나 영어 발음에는 자신이 없다.…… 그러나 영어를 읽을 수 있는 사람은 부럽다.' 등 여러 가지라고 한다. 여기에서 주목할 것은 이어지는 문장이 아니라 '…… 그러나……'라는 접속사를 사용하는 것에 의해 자신이 모르고 있던 긍정적인 부분을 이끌어

낸다는 것이다. 말하자면 '…그러나' 등의 역접(逆接) 접속사를 사용하는 것에 의해 단정적인 자기 부정에 빠져 있는 학생들에게 긍정적 부분을 발견하게 해서 영어에 대한 열등감을 없애려는 것이다.

이것은 카운슬링 때 자주 보이는 테크닉 중에 하나인데, 실패하여 비탄에 빠져 있을 때 자신 회복에 일조(一助)할 것임에 틀림없다.

113 ———

작은 장점이라도 반복해서 생각하면 단점에 신경 쓰이지 않게 된다

당신이 만일 '나는 단점만 있는 인간이다.'라거나 '작은 장점은 있지만 단점이 너무 많다.'라고 생각하고 그것이 열등감의 원인이 된다면 그 단점을 축소하고 열등감을 제거하는 좋은 방법이 있다. 그것은 아무리 작은 장점이라도 좋으니까 그것을 하루에 몇 번이고 반복해서 떠올린다는 방법이다.

이 방법의 원리는 설득 기술 등에 자주 쓰이는 '부분 공격'의 원리와도 같다. 예를 들면 여성을 설득할 때. 그 여성이 은근히 자부하고 있는 부분을 반복해서 칭찬한다. 그러면 여성은 점차로 자신 전체가 칭찬 받는 듯한 느낌이 들고 마음을 움직이기 위원진다. 즉. 질적(質的)으로 아무리 작다고 여겨지는 장점이라도 반복한다는 양적(量的)인 자극에 의해 단점을 한쪽으로 몰고 마음속에 크게 자리 잡게 되는 것이다.

자신의 마음도 이 설득당하는 여성과 마찬가지로 비록 일부분이라도 장점다운 것을 계속해서 생각하면 자신의 전체가 장점으로 보이게 된다. 예를 들면 '내성적이고 소극적이다. 그러나 상냥하다.'라고 생각하는 사람이라면 '내게는 상냥하다는 장점이 있다.'라고 반복해서 스스로에게 들려주면 좋을 것이다

적게 싸우고 많이 친한다. 이것이 사람을 아는 일이다.

– 중국의 정치가 관중

114 ——
결점을 고치려고 생각하기
보다는 잘 살릴 방법은 없을까를
생각해 본다

누구에게나 자신의 결점은 신경 쓰이는 것으로, 고칠 수 있으면 고치고 싶다고 생각하는 것이 사람의 마음이다. 그러나 '도움이 되지 않는 결점을 갖지 않는 사람은 없다.'라는 말이 있듯이 결점은 누구에게나 있는 것이다. 그러므로 무리하게 고치려고 생각하기 보다는 그것을 잘 살릴 방법이 없을까를 생각해 보는 편이 훨씬 현명할 것이다. 사실 결점을 잘 파악하여 자신감을 높이고 타인은 흉내 낼 수 없는 장점으로 만든 예는 이루 셀 수 없을 정도이다.

예를 들면 미국의 여성에게 이런 예가 있다. 철이 듦에 따라 얼굴에 있는 붉은 멍 때문에 계속 고민을 하고 있던 그녀는 심한 대인공포증(對人恐怖症)에 빠져 있었다. 사람이 오면 얼른 자신의 방에 쳐 박혀 절대로 타인에게 얼굴을 보이지 않는 나날의 계속이었다. 그러던 그

녀가 어느 날 어머니의 말에 분발하여 어차피 없앨 수 없는 결점이라면 어떻게 해서든지 이것을 살릴 방법이 없을까를 생각했다. 그녀는 많은 화학자의 도움을 빌려 마침내 붉은 멍을 가릴 수 있는 특수한 화장품을 만들어내는 데 성공을 했다.

그 후 그녀는 이 화장품의 실연(實演)으로 전국을 돌아다니며 자신과 같은 고민을 갖고 있는 사람들을 구하며 거액의 부(富)와 명성을 얻었다고 한다.

신인을 키우는 것으로 정평이 나 있는 프로 야구의 코치도 결점을 없애기 보다는 결점을 살려 특징 있는 사람으로 만드는 것에 의해 대선수로 기른다고 한다.

당신이 만일 자신의 결점으로 고민하고 있다면 고치려는 생각을 하기 보다는 그것을 어떻게 살릴 것인가를 생각하는 것이 중요하다. '전화위복(轉禍爲福)'이라는 말이 있듯이 당신은 자신의 결점이 멋진 장점이 된다는 것을 발견할 수 있을 것이다.

이렇게 되었을 때, 당신은 자신을 되찾고 부든 명예든 무엇이든 자신이 원하는 것을 손에 넣을 수 있는 가능성도 열리는 것이다.

청춘의 실패는 장년의 승리나 노년의 성공보다 바람직한 것이다.
– 영국의 정치가 디즈테일러

115 ——
'서툰 것이야 말로 큰 특기로
만들 수 있다'라는 사실을 생각하면
힘든 일에도 활기가 생긴다

옛날에 "서툰 것은 머리 위에 있는 것인 만큼 그것을 익히면 단순한 특기가 아닌 큰 특기가 된다."라는 이야기를 해 주셨던 선생님이 있었다.

인간의 심리에는 '과보상(過補償)'이라는 작용이 있고 그 약점을 보충하려는 경향은 때로는 그 약점을 보강한 뒤에도 비약적으로 플러스 방향으로 뻗어나가는 경우가 있는 것이다. 이 과보상의 전형적인 예로 자주 들고 있는 것이 그리스의 웅변가 데모스테네스이다. 그는 소년 시절 심한 말더듬으로 고민하고 있었는데, 이 말더듬을 고치려고 노력하던 중에 말더듬을 고쳤을 뿐만 아니라 유명한 화술(話術)의 대가가 되었다.

그러므로 당신이 만일 서툰 일이나 단점에서 탈출하려면 언젠가 이 심리학상의 한 가지 진리를 떠올리는 것도 하나의 유력한 자기 암시 수단이 될 것이다.

116 ——

'싫은' 원인을 생각해 보면
'싫다' = '서툼'이 된다는 것을
알게 된다

자주 초등학생에게 싫어하는 과목을 묻고 그 이유를 들게 하면 '못하니까.'라는 이유가 압도적으로 많다. 이런 경우에 우리들은 '싫다' = '서툼'을 생각하고, 더 발전시켜 '싫어'하기 때문에 서툰 것이다. 라고 생각하는 경향이 있다. 그러나 그 정도로 '싫다'라는 것과 '서툼'이 직접적인 관계에 있는 것일까. '좋아하기 때문에 잘한다.'라는 말과는 반대로 '서툰 사람 제자리걸음'이라는 말도 있듯이 이 2가지는 그다지 직접적으로 똑같지는 않은 것 같다. 우선 '서툼'이라는 것은 객관적인 능력의 문제인데 비해 '싫다'에는 그 어떤 다른 이유가 있을 것이다.

그러므로 만일 '싫어서 잘 못하게 되었다.'라고 생각하는 사람이 있다면 그 '싫은' 원인을 잘 생각해 보는 것이 좋다. 의외로 '그 과목의 선생이 좋다.', '그 과목의 선생님과 맞지 않아서'라든가 '그것을 하는데 비싼 도구가 필요하니까.'라는 능력과는 전혀 관계가 없는 이유를 찾을 수 있는 경우도 적지 않은 것이다. 분명히 그 이유를 찾지 못한다고 해도 이렇게 하는 것에 의해 '싫으니까 못한다.', '못하니까 싫다.'라는 악순환에서 벗어날 수 있는 계기를 잡을 수 있을 것이다.

의심하면 흩어지고 믿으면 굳어진다.

- 사상가 도원(道元)

117 ———
잘 못하는 것도
잘 하는 것과 연관 지어
생각하면 좋아진다

자신이 모르는 것, 잘 못하는 것을 접했을 때 우리들은 그것을 자신이 숙지(熟知)하고 있는 것, 잘 하는 것에 빗대어 이해하려고 한다. 반대로 말하자면 잘못하는 것을 그대로 이해하려고 하면 언제까지나 이해하지 못하고 만다.

그러므로 나는 못하는 학과로 고민하는 학생들에게는 우선 잘 하는 학과와 관련지어 생각할 것을 권하고 있다. 예를 들면 수학, 이과(理科)가 싫다는 중학생에게는 그밖에 어떤 잘하는 학과가 없는지를 물어 본다. 잘 못한다는 것은 잘하는 것과 비교되는 말이므로 한 가지나 두 가지는 잘 하는 학과가 있는 것이다.

그가 국어 작문을 좋아한다고 하면 수학이나 이과를 작문으로 쓰는 습관을 충실히 실행하면 몇 개월 지난 후에 수학, 이과에 대한 어렵다는 의식이 싹 사라져 성적도 본인이 놀랄 정도로 향상 되는 것을 본 예도 있다.

이런 예 뿐만이 아니라 우리들이 그 무엇인가를 취하겠다고 느꼈을 때의 심리 상태를 관찰해 보면 그에 대한 거리감이나 반응감 등을 만들고 있는 경우가 많다. 그러므로 무엇보다도 우선 그것을 제거하는 것이 제일 먼저 할 일이다. 그 한 가지 방법으로써 자신이 잘 하는 것과 관련지어 생각하는 방법도 효과가 있다. 그렇게 하면 분위기가 점점 바뀌어 반대로 좋아질 가능성도 있는 것이다. 이 경우, 잘 하는 것과 평소에 깊은 관계가 있다면, 그럴수록 잘 못하는 것이 잘 하는 것으로 바뀌는 정도가 커짐은 말할 필요도 없다.

쉬운 말로 상대를 설복시킬 수 없는 사람은 언제 어떤 말로도 설복시킬 수 없다.

– 러시아 극작가 체홉

118 ——

지나치게 깊이 알지 않는 것이
행동을 일으킬 수 있는 한 가지
지혜이다

지난번 어떤 음악 콩쿠르 학생부에서 대학생이나 고교생 등의 베테랑을 물리치고 초등학교 저학년생인 소년이 우승을 차지한 적이 있었다. 음악이나 미술 등 예술 분야에서는 분명히 경험 년 수에 비례하지 않는 천부의 재능이라는 것이 많지만, 그에 덧붙여 이 초등학생의 경우는 그때 분위기의 중대함이나 명예나 욕망에 전혀 무관심한 태도가 자신의 페이스를 유지시켜 실력을 충분히 발휘할 수 있었다는 점도 간과할 수 없다. '무지의 힘'이나 '모르는 게 약'이라는 말이 있는데, 인간의 심리에는 분명히 이런 면이 있는 것 같다. 환경이나 대상을 잘 모르는 것을 심리학에서는 인지적미분화(認知的未分化)라고 하는데, 반대로 인지적미분화가 너무 진행되어 있으면 목적 이외의 요소가 관심되어 오히려 실력을 발휘하지 못할 우려가 있는 것이다. 이렇게 생각해 보면 대상을 어느 정도 안 다음에는 더 이상 파고들지 않는 것도 한 가지의 지혜라고 할 수 있을 것이다. 입시 때에도 '경쟁률이 몇 배 라거나 영어 단위는 몇 천자 이내다.'라는 '정보통'이 되기보다는 '무 지의 힘'을 살려 잡음을 배제하고 자기 페이스로 일관하는 편이 실력 발휘를 잘 하게 되는 경우도 있을 것이다.

119 ——

실망이나 불안도 보다
대담하게 생각하면
가볍게 느낄 수 있다

내가 알고 있는 한 만화가는 좋은 아이디어가 떠오르지 않으면 "안 돼 안 돼"라며 3살 난 아이 앞에서 팔짝팔짝 뛴다고 한다. 아버지의 우스꽝스러운 모습에 깔깔 웃고 있는 아이의 모습을 보고 있는 동안에 그 자신도 우스워지면서 불안이 사라져 다시 아이디어 탐색에 빠진다고 하는데, 상당히 탁월한 기분전환을 위한 자기 암시술이다.

심각함도 어느 한계를 지나면 우스워질 수 있다는 것은 희극 무대에서 자주 보는 일인데, 현실적인 비극도 그것을 지나치게 표현하면 희극이 되어 버린다. 가령 그 어떤 일에 실패했을 때, 그 현실은 '이 실패를 안다면 전 세계가 나를 위해 슬퍼할 것이다.'라거나 '이 실패야말로 내 인생의 유일한 최대의 실패로 역사에 남을 것이다.'라고 지나치게 생각하면 현실도 비현실적으로 생각된다. 이렇게 하면 비극도 웃음으로 전환할 수 있고, 자기 자신을 가볍게 생각할 수 있는 여유도 생기는 것이다.

　'웃으면 이 세상은 천국이다.'라는 노래가 있는데 실망이나 불행도 보다 크게 생각하여 웃어버리면 가볍게 여겨진다. 웃음이야말로 현실의 늪에서 당신을 구해줄 아군인 것이다

생각이 있는 사람은 시간의 손실을 가장 슬퍼한다.

-이탈리아 시인 단테

120 ——

'꼭 해야' 한다고
무리하게 생각하면
오히려 못하게 된다

밤에 잠이 오지 않을 때, '자야 한다, 자야 한다.'라고 열심히 생각하면 생각할수록 잠이 오지 않는다는 것은 누구나 경험하는 일이다. 반대로 철야작업을 해야 할 때는 이상하게 잠이 온다.

이와 같이 의도한 목표와 전혀 반대의 결과가 생기는 현상을 역전현상이라고 부른다.

'성공해야 한다.'라고 무리하게 생각하면 초조함이 생겨 오히려 성공하지 못하는 경우가 많은 것도 이 역전현상의 결과이다. 이것은 '해야 한다.'라는 마음이 우리들의 자기방어 본능의 반발을 작용시켜 '하지 않아도 된다.'라는 반대 반응을 가져오는 것이다. 편한 것, 하기 쉬운 일을 할 때 쉽고 간단하게 할 수 있는 것도 이 자기 방어 본능이 작용해서 무리한 긴장감이 생기지 않기 때문이다.

인간은 실패하거나 장래에 불안이 있을 때는 '해야 한다.'라고 마음먹기 마련인데, 결국에는 자기 방어 본능 사이에 심리적 갭이 생겨하지 못하게 되는 경우가 많다. 이럴 때 무리는 금물이다.

'실패해도 본전이다. 그러나 하지 않는 것 보다는 무엇이라도 하는 것이 필요하다.' 무의식중에 이런 마음으로 있으면 의외로 쉽게 일을 해낼 수 있었던 경험도 누구나 한 두 번은 있을 것이다.

그러므로 결코 몸을 내던져 일에 임하는 것만이 제일은 아닌 것이다. '해야 한다.'라는 일종의 심리적 긴장을 가져오는 효과를 전부 부정할 때, 성공이 쉬울 수 있다.

인간의 심리는 이상하여 너무 릴렉스 해지면 오히려 목표가 희미해져 버리고 심적 에너지도 생겨나지 않는다. 그러므로 이 심적 긴장을 유지하면서도 마음 편하게 임하도록 감독하고 있는 것이다. 이럴 때 뜻밖의 성과를 올릴 수 있다.

많은 일을 하기는 쉽지만 한 가지 일을 영속적으로 하는 것은 어렵다.
-영국 시인 벤 존슨

121 ———
불안의 정체를
파악하고 있으면
불안감이 사라진다

오스트리아의 심리학자 알프레드 아드라는 열등감의 연구로 유명한데, 어렸을 때부터 여러 가지 열등감으로 고민하고 있었다. 그런데 그는 자기 자신의 열등감을 파악하고 정체를 밝히려는 연구에 몰두하고 있는 중에 자신의 열등감이 어디론가 사라져 버렸다고 한다.

분명히 우리들의 열등감이나 불안에는 실체가 없는 것이 많다. 이 애매함을 그대로 두지 말고 정체를 파악하려고 하면 불안의 에너지가 점차로 지적인 흥미 쪽으로 옮겨진다. 지적인 흥미에는 항상 냉정함이 필요하므로 어느 사이엔가 불안도 꼬리를 감추게 된다.

선(禪)의 수업에서도 "불안이 있으면 생각하고 또 생각하여 불안 그 자체가 되라."라고 가르친다고 한다. 이 가르침도 불안의 정체를 파악하는 것이 반대로 불안감을 없애는 작용이 있다는 심리적 사실을 뒷받침한 것일 것이다.

122 ——
절망의 상태에서 벗어나기 위해서는 우선 그 절망 사태를 자기 스스로 인정해야 한다

영국의 수상 윈스턴 처칠은 에피소드가 많은 사람인데, 제 2차 세계대전이 시작되기 전 그에 대한 이런 이야기가 전해진다. 이미 전쟁은 피할 수 없는 상태가 되어 있다. 어느 날 한 교관이 "저로서는 사태가 절망적이라고 생각합니다."라고 했다. 그러자 처칠은 태연히 "그래 절망적이다."라고 인정한 뒤, "나는 20년이나 젊어진 기분이 드는군."이라고 덧붙였다고 한다.

우리들은 절망적인 상태에 빠졌을 때 어떻게 해서든지 거기에서 벗어나려 하고 타인이나 신의 힘을 빌리려는 경향이 있다. 그러나 처칠은 그런 소극적인 태도 속엔 해결책이 없다는 것을 알고 있었다. 그러므로 그는 절망을 절망으로 받아들이는 용기가 있었던 것이다.

심리학적으로 말하자면 절망한다는 것과 절망적인 상황을 인정한다는 것은 전혀 다른 정신 활동이다. 절망적인 상황을 인정하는 경우는 자신이 놓인 입장을 객관적으로 보고 있지만, 절망할 때는 이미 자신을 객관적으로 볼 수 없다. 절망 상태에 있을 때는 절망이라고 인정해버리는 쪽이 마음 편할 뿐만 아니라 자신을 한 발 절망 밖에 세울 수가 있는 것이다.

잘 노는 사람이 공부도 잘 한다.

-그리스 철학자 아나카르시스

123 ——
불안의 일부분을 적극적으로 인정하면 전체적인 불안은 플러스가 된다

    불안이나 열등감에 사로 잡혀 있는 사람을 분석해 보면 극히 일부의 실패나 공포를 전체에까지 확대하여 생각하고 있는 경우가 많다. 예를 들면 일에 자신을 잃어 회사에 갈 기분이 나지 않는다고 한탄하는 사람도 그 원인을 조사해 보면 지금의 일에 흥미가 나지 않는다거나, 그 부장과 일을 하기 싫다거나, 동료 중 누가 마음에 들지 않는다거나 또는 거래처의 누구와 상대하기가 싫다거나 하는 등 일의 일부에 대한 자신 없음을 일 전체에까지 확대하여 혼자 고민하고 있는 것이다. 이와 같은 경우에서는 분명히 그 일부에 대해서는 그가 그것을 싫어하거나 불안을 안고 있거나 하는 이유는 분명히 하고 있으나 다른 부분을 들추어 보면 보통은 오히려 플러스 이미지로 받아들이고 있는 경우가 많은 것이다. 그런데도 일부분의 마이너스가 전체를 덮어버리고 있기 때문에 플러스가 대부분 그의 행동에 영향력을 미치지 못하고 있는 것이다.

그러므로 이와 같은 전체적인 불안에서 벗어나기 위해서는 그 전체적 불안의 이유를 찾아내어 부분적 불안을 적극적으로 인정해 버리는 것이다. 그러면 심리학에서 말하는 '대비효과(對比效果)'가 생겨 다른 부분에는 가령 불안이 있어도 그 불안은 가볍게 여겨지고, 플러스의 면이 있는 것이라면 플러스가 특별히 느껴지게 된다. 즉, 어떤 불안을 적극적으로 인정하는 것에 의해 전체적인 불안이 가볍게 되는 것이 아니라 더 나아가서 플러스가 되는 것이다.

예를 들면 회사가 싫어진 최대의 이유가 상사인 부장과의 마찰 때문이라고 하자. 그때는 '분명히 그 부장은 정말 싫다.'라고 그것을 적극적으로 인정해 버린다. 그러면 여기에 '대비효과'가 작용하여 다른 면에서는 '귀여운 딸도 있고 동료들도 괜찮다.'라는 전체적 불안이 해소되는 방향으로 자신의 마음이 작용해 가는 것이다.

내일 일을 생각하지 말라. 내일 일은 내일 생각하다. 하루의 고통은 그날로 충분하다.

― 그리스도

124 ——
아무리 중대한 일이라도
'겨우…'라고 생각하면
위축되지 않는다

프로야구 감독이었던 유명한 M씨는 상대팀이나 자기 팀 선수의 심리를 잘 이용한 작전을 전개하여 지장(知將)이라고 불리었던 사람이다. 한 시합에서 배터박스에 선 자기 팀 선수가 초조해하고 있다는 것을 눈치 챈 그는 그 선수를 불러 뭐라고 속삭였다. 그러자, 그 선수는 밝은 표정이 되어 깨끗한 안타를 쳤다. 나중에 신문 기자가 "감독이 그때 무슨 말을 했습니까?"라고 묻자, 그는 "겨우 야구일 뿐이다. 마음 편하게 하라고 했습니다." 라고 대답했다고 한다.

M씨에게 있어서나 그 타자에게 있어서 야구는 그들의 일이므로 심각한 것은 당연하다. 그러나 한 발만 다른 방향으로 발을 내딛고 생각하면 그저 스포츠일 뿐이다.

M씨는 그 심리를 이용하여 선수에게 편안함을 주었던 것이다. 중

대한 장면을 중대하다고 생각하는 것은 당연하고, 또 그런 인식이 없으면 무거운 책임을 다할 수가 없다. 그러나 우리들은 자칫 일의 중대함 때문에 지나치게 긴장하기 쉽다. 이 정신의 균형을 유지하는데 '겨우……'라는 식으로 일을 작게 보는 사고방식을 갖는 것도 중요하다.

125 ——
열등감으로
고민할 때는 성공자의
전기를 읽어 본다

성공자나 위인의 삶을 보면 거기에는 공통점이 있는 것 같다. 그들이 다른 사람 보다 더 많은 노력을 했다든가 탁월한 두뇌를 지녔다는 것 외에 그들은 자기 자신의 열등감을 잘 극복했다는 것이다.

집안의 빈곤, 육체적인 결함, 성격적인 이상(異常) 등 각각의 역경 속에서 열등감으로 괴로워하면서도 그것을 각각의 입장에 맞게 이용하여 극복하고 있는 것이다. 바꾸어 말하자면 열등감에 무릎을 꿇은 것이 아니라 열등감을 자신의 비약의 디딤돌로 삼으며 이용하고 있는 것이다.

그러므로 우리도 자신이 없어지거나 열등감으로 고민할 때 이런 성공자들의 전기를 읽는 것도 효과가 있다. 그들의 삶속에서 나타나는 열등감의 이용법을 그대로 자신에게 적용시킬 수는 없더라도 귀중한 힌트를 주는 경우가 많기 때문이다.

이렇게 하여 '그 사람도 그런 나쁜 조건 속에서도 그렇게 살았구나.'라는 것을 알게 되면 열등감을 극복하는 것 정도는 매우 쉽고, 또 대수롭지 않다는 것을 깨닫게 될 것이다.

사람은 2가지 교육을 받는다. 한 가지는 타인으로부터 받는 것이고 다른 한 가지는 자신 스스로에게서 받는 것이다.

– 영국의 시학자 기본

126 ———

불안이 생겼을 때는
비관, 낙관을
확실히 선별해 본다

　누구나가 미래를 예고할 수는 없으므로 무엇인가 목표를 세울 때 '잘 될까?'라는 생각과 '아니, 안 될 것 같다.'라는 생각 사이에서 갈팡질팡하게 된다. 낙관과 비관의 교차인 것이다.

　특히 자신이 없는 경우에는 비관의 '발생률'이 높고 그것이 불안을 크게 하는 동시에 행동을 제약하고 적극적으로 미래로 향하려는 자세를 주춤하게 만드는 원인이 된다.

　이런 불안을 해소하기 위해 뉴욕 정신분석의인 F. 혹스 박사는 다음과 같은 일을 행하고 있다. 그는 주로 비즈니스맨으로부터 카운슬링 요청을 받고 있는데, 그들이 새로운 사업을 시작하거나 새로운 지위에 올랐을 때는 미경험의 영역에 불안을 갖게 되는데, 그때 '낙관·비관표'를 만들도록 지도한다고 한다. 큰 백지 중앙에 종선(縱線)을 긋고 종이를 좌우로 나누어 왼쪽 위에는 '낙관', 오른쪽에는 '비관'이라고 써넣고 서재 벽 등에 붙여 두는 것이다. 매일 사무실에서 돌아오면 이 표 앞에 서서 그때 머리에 떠오르는 낙관적인 관측과 비관적인 관측을 써간다. 그리고 전부 나왔으면 비관적인 관측만을 건 매지으로 하나씩 정성스럽게 지워버린다. 그와 동시에 이 비관적인 관측을 마음속에서 없애는 것이다.

이어서 낙관적인 관측만을 다시 한 번 큰소리로 말하는 것에 의해 '표'처럼 마음속도 낙관적인 관측으로 채워지게 하는 것이다.

이 방법이 효과를 나타내고 있는 것은 보통 불안한 때에 뒤엉켜 나타나는 비관적인 관측과 낙관적인 관측을 분명히 선별하는 데 그 원인이 있는 것 같다. 선별 작업을 계속해서 하고 있는 중에 낙관적인 요소가 적지 않다는 것을 깨닫게 되고, 또 만일 비관적인 요소가 나와도 지워버리면 된다는 생각이 들어 마음의 안정을 얻을 수가 있는 것이다.

이 원리만 잘 터득하면 일부러 종이에 쓰지 않아도 머릿속으로 충분히 행할 수 있는 작업이다.

127 ——

'…밖에'라고 생각하는 것 보다
'…이나'라고 생각하면
자신감을 가질 수 있다

예를 들면 당신이 그 어떤 시험에서 50점 맞았을 때 그것을 어떤 식으로 생각하는가. '50점 밖에 맞지 못했다.'라고 심각하게 생각하는 사람도 있을 것이다. 반대로 '50점이나 맞았다.'라고 크게 기뻐하는 사람도 있을 것이다. 이 '밖에'와 '이나'로 같은 50점이라도 기분상으로는 대단한 차이가 있다.

이 말은 같은 객관적인 사실이라도 마음먹기에 따라서는 실패로 연결되기도 하고 성공으로 연결되기도 하기 때문이다. 예를 들면 '50점 밖에 맞지 못했다.'라고 생각하면 예상에 비해 나쁜 결과가 나왔다는 실패감 밖에 남지 않는다. 그러나 이것을 '50점이나 맞았다.'라고 생각하면 자신이 테스트를 위해 공부한 과정과 결과가 연결되어 자연스럽게 '다음 테스트에서는 60점을 맞자.'라는 목표로도 연결되어 간다. 즉, 객관적으로 50점임에는 변동이 없으나 자신의 평가로는 다음 성공으로의 계기가 되는 것이다.

이와 같이 '밖에'라고 자신을 한정하여 부정하는 것 보다는 '이나'라고 플러스 효과를 강조하는 편이 실패감으로 연결되지 않을 뿐만 아니라 그 이후에 자신을 가질 수 있는 효과를 가져오는 것이다. 50점이라는 숫자도 그 마음가짐 하나에 따라 자신감을 낳는 귀중한 계기가 되는 것이다.

128 ——
싫은 것도 정말로 싫어하는지
어떻게 시험해 보려고
생각하면 좋아진다

　사람이 항상 좋아하는 일만 할 수 있다면 그 보다 더 좋은 일은 없겠지만 그럴 수는 없다. 현실 속에서는 '싫은 것'을 '좋은 것'으로 전환하는 지혜도 필요하다.

　내 경험을 한 가지 말해 보겠다. 나는 지금은 골프를 아주 좋아하고 있지만 원래는 스포츠에 전혀 아무런 흥미도 갖고 있지 않았다. 정지된 공을 친다는 것은 재미없는 일이라고 오히려 우습게 여기고 있었다. 그런데 어느 날 친구에게 이끌려, '좋아. 어디 한번 가보자.'라는 마음으로 골프채를 보았다. 그리고는 내가 좋아할만한 요소가 많다는 것을 알았다. 그 뒤, 나 자신도 이상하게 느껴질 정도로 골프를 좋아하게 되었던 것이다. 인간의 좋고 싫은 감정은 결코 절대적인 것이 아니며, 10퍼센트는 '좋아하는 면'이 포함되어 있는 것이다. 그러므로 그것을 예로 들면 '정말로 싫어하는지 한번 시험해 보자.'라는 기분으로 찾아보는 것이다. 그리고 거기에서 '좋아하는 부분'을 발견할 수 있으면 그것을 계기로 '싫어하는 것'도 '싫어하지는 않는 것'으로, 더 나아가서는 '좋아하는 것'으로 전환할 수 있는 것이다.

사용하지 않는 보석은 없는 것과 같다.

– 그리스 동화 작가 이솝

129

후회를 '후회'로 만들지 않기
위해서는 '후회는 여유에서 생긴다.'
라는 것을 생각하면 좋다

지난번 호텔 방에서 자살 미수 사건을 일으킨 적이 있는 연예인을 취재한 기자로부터 이런 이야기를 들었다. 그 남자는 동료들 사이에서는 유명한, 극도의 후회 벽을 가진 소유자로 그때까지도 자신의 언동을 지나치게 후회하여 자기혐오에 빠져 몇 번이나 자살 소동을 일으켰다는 것이다. 심할 때는 담배를 한 대 물고서도 "또 담배를 입에 대고 말았다."라며 혀를 차고, 커피를 한 모금 마시고는 "위(胃)에 나쁘다고 했는데."라고 걱정하는 정도라고 한다. 이 정도로 극단적이진 않더라도 우리들은 일상생활 속에서 이와 비슷한 무의미한 후회를 반복하고 있다.

이런 후회 벽 '환자'의 특징은 대부분의 경우, 자신의 후회 벽 자체를 신경 쓰고 있다는 것이다. 즉, 어째서 자신은 이런 것까지 신경을 쓰는가 하며 후회하는 것 자체를 또 '후회'하여 더욱 더 자기혐오에 빠지는 것이다.

그러므로 여기에서 벗어나기 위해서는 우선 후회를 '후회' 하는 것을 멈추어야 한다. 그를 위해 유효한 방법의 한 가지는 '후회는 여유에서 생긴다.'라는 것을 아는 일이다.

즉, 후회란 문자 그대로 뒤를 되돌아보며 미워하는 것이다. 뒤를 돌아본다는 것은 현재의 자신에게서 눈을 떼어 과거의 자신을 객관화 하는 것이다. 그리고 그 객관시한 자신을 미워한다는 것은 바람직한 상태를 알고 있으며, 그 바람직한 상태와 자신의 모습을 비교하는 데서 생기는 것이다.

요컨대 후회할 수 있다는 것은 정신적으로 아직 여유가 있다는 증거인 것이다. 정말 비관을 하여 구제될 길이 없는 상태에 있는 사람이라면 그런 심한 상태에서는 광인(狂人)이 자신을 미쳤다고 인정하지 않듯이 자신이 처해 있는 상태를 인정하려고 하지 않는 것이다. 계속해서 마음을 덮쳐오는 후회로 괴로워하는 사람들은 이렇게 '후회는 여유에서 생긴다.'라는 것을 생각하면 불필요한 후회에서 구제될 수 있을 것이다.

130

'없어진 것'은
'버렸다'라고 생각하면
낙담이 가벼워진다

미국의 어떤 인생론 잡지에 이런 기사가 실려 있었다. 베트남 전쟁에서 부상을 당한 병사가 수술대 마취에서 깨어났을 때 군의관이 병사에게, "한잠 자고 나니 상태가 아주 좋아졌군. 그런데 단 한 가지 나빠진 것은 자네의 한쪽 다리가 없어진 것이네."라고 했다. 그러자 그 병사는 "아닙니다. 한 쪽 다리는 없어진 것이 아니라 제가 버린 것입니다."라고 군의관에게 말했다고 한다.

이 이야기를 읽고 나는 이 병사가 비관적인 사건을 낙담하지 않고 받아들일 수 있는 심리 조절을 하고 있음에 감동했다. '없어졌다.'를 '버렸다.'라고 바꾸어 말하는 것으로 그는 절망의 늪에서 빠져 나온 것이다.

분명히 '없어졌다.'라고 하든 '버렸다.'라고 하던 자신의 것을 잃었다는 사실에는 변함이 없다.

그러나 '없어졌다.'라고 하면 자신의 의지가 반영되지 않은, 말하자면 미묘한 사항이므로 언제나 애석한 마음이 들어 포기하기가 쉽지 않다. 이에 비해 '버렸다.'라고 하면 자신의 의지로 필요 없는 것을 처리했다는 요해사항(了解事項)이므로 미련이 남지 않는다.

우리들의 인생에는 첫 사랑, 청춘 등 추상적인 것을 포함하여 '없어진 것'이 너무나도 많다. 이것들을 '버렸다.'라고 바꾸어 표현하는 것만으로도 낙담은 훨씬 가벼워질 것이다.

스스로 반성하여 고치지 않으면 천만 명이 있다 해도 소용이 없다.

– 중국의 유학자